clave

Laura Chica es psicóloga y *coach* personal y de equipos, consultora, conferenciante y formadora en empresas y escuelas de negocio. Está especializada en visibilidad y desarrollo del talento desde una perspectiva integral del ser humano. Tras más de veinte años de experiencia en la psicología y el desarrollo de personas, sigue encontrando el reto en su propósito vital: que tengamos una vida lo más cerca posible de nuestra esencia, desde el autoconocimiento y el amor a nosotros mismos, y lo consigue a través de sus libros y conferencias. Es autora de diez libros, entre los que destacan *Autoamor* y *Confía*, que son los dos que, junto a su última obra, *Auténtica*, conforman una trilogía con la que Laura nos prepara para indagar en nuestro interior, amarnos, dejarnos llevar por las enseñanzas de la vida y deshacernos de todas nuestras máscaras.

Para más información, puedes consultar la página web de la autora:
www.laurachica.com

LAURA CHICA

Confía. Todo está bien

DEBOLSILLO

Papel certificado por el Forest Stewardship Council®

MIXTO
Papel | Apoyando la silvicultura responsable
FSC® C117695
FSC
www.fsc.org

Penguin Random House Grupo Editorial

Primera edición con esta presentación: noviembre de 2024
Segunda reimpresión: julio de 2025

Travessera de Gràcia, 47-49. 08021 Barcelona
Diseño y maquetación: Comba Studio
Diseño de la cubierta: Penguin Random House Grupo Editorial

Printed in Spain – Impreso en España

ISBN: 978-84-663-7606-8
Depósito legal: B-14.563-2024

Impreso en Black Print CPI Ibérica
Sant Andreu de la Barca (Barcelona)

P376068

A mi abuela, mi yaya,
por amarme y sostenerme desde antes de nacer.
Y aún, cada día.

ÍNDICE

Y nunca nadie dijo
que enamorarse de la vida
fuera fácil.

Laura Chica,
del libro *Palabras para encontrarte 2*

Duda de todo.
Encuentra tu propia luz.

Buda

Encuentro esperanza
en los días más oscuros,
y me enfoco en los más brillantes.
No juzgo al universo.

Dalái Lama

Cuando aprendes a sufrir,
sufres mucho menos.

Thích Nhất Hạnh

... y cuando sintió que llegó al límite de sus posibilidades, gritó:

¡No voy a poder con esto!

Y la vida (LV) le contestó:

Nunca te pondré un desafío que no estés preparado para afrontar.

¡Es demasiado para mí!

LV: *Nada es más grande que la fortaleza de tu corazón.*

¿Por qué me pasa esto a mí?

LV: *A veces confundirás con castigos los mayores aprendizajes.*

... Ya no sé quién soy.

LV: *Justo en este momento empiezas a ser desde tu verdad.*

Mi vida se ha derrumbado.

LV: *A veces es necesario romper lo que ya no se sostiene para volver a crear desde la autenticidad.*

... Vida, dime qué debo hacer ahora...

LV: *Confía. Todo está bien.*

¿POR QUÉ HE ESCRITO ESTE LIBRO?

He sentido que este era el libro que tenía que regalar al mundo, y aunque ahora lo tengas —probablemente— muy bello entre tus manos es, con seguridad, el que más me ha costado escribir.

Existe porque he necesitado tener un libro como este en mis brazos en algunos momentos no hace mucho, y siempre que me pasa algo así comprendo que me pasa para que yo lo cree, como me sucedió con *365 citas contigo* y *Autoamor*. Son libros llenos de palabras y mensajes que hubiese necesitado leer en muchos momentos, y los escribí para mí, y para que nos ayudara a sentirnos mejor con nosotros mismos. Y es mágico ver cómo lo sentís así cuando lo tenéis: podéis percibir esa magia con la que fue creado, y eso me emociona infinitamente.

Y ahora llega *Confía*.

Y quiero contarte por qué.

Aunque nos pasa varias veces en la vida, hay episodios devastadores para el alma, tanto que a veces no sabes si tienes fuerzas suficientes para afrontar lo que sucede. Algunas personas lo viven una vez y otras experimentan varios episodios así de intensos y profundos a lo largo de su vida. Hay un elemento común en esos momentos: una sensación de tristeza y «agotamiento del alma» que te hace pensar aunque sea por instantes no querer estar aquí.

No es coincidencia que cada cuarenta segundos alguien se quite la vida en el mundo, y que las muertes por suicidio superen en once veces a las muertes por homicidio o dupliquen las que son por accidente de tráfico.

La salud mental se ha convertido en la actualidad en un tema principal por el aumento de la demanda de psicólogos y psiquiatras (según datos del INE de 2021), aunque no le demos socialmente el lugar y la visibilidad que necesita. Lo voy a poner aquí:

Sí, todos necesitamos ayuda profesional en muchos momentos de nuestra vida para afrontar nuestras circunstancias. Y es algo maravilloso y normal.

Este es un tema delicado, que me gustaría que leyeras y trataras con el respeto con el que lo estoy escribiendo. Me he preguntado muchas veces qué pasa por la mente de alguien que elige poner final a su vida de forma voluntaria. Quizá dejar de sufrir. Quizá su alta sensibilidad y profundidad en su sentir le hacen sufrir más con lo que está pasando. Quizá no sabe gestionar lo que le ocurre porque le faltan herramientas. Quizá le inunda un pensamiento de «esto no va a cambiar» y se ahoga ahí. Quizá, quizá, quizá. Nunca lo sabremos. Pero observo, estudio y reflexiono mucho sobre ello, como eterna aprendiz del ser humano, y sobre todo de mí misma.

Siento que nos relacionamos muy mal con la tristeza, con el dolor y el sufrimiento, con la oscuridad y los episodios difíciles de nuestra vida, con las pérdidas, los cambios y la muerte. Y es paradójico porque la vida también es eso. No es algo puntual que le ocurra a alguna persona que conoces, sino algo que vivimos todas las personas simplemente porque estamos vivas.

Y si esto es así, de todos y para todos, ¿por qué no aprender a normalizar cuanto vivimos para que si nos toca vivir un episodio oscuro, sepamos cómo hacerlo?

Mientras escribía este libro puse en Facebook una frase de mi libro *Palabras para encontrarte 2*, que dice: «Hay personas que llegan a nuestra vida para acompañarnos a bailar nuestras peores batallas». Y una persona que sigue mi trayectoria profesional me contestó: «Y, luego, hay personas como tú, Laura, que se convierten en la música que te prepara para bailar bonito, aun en las peores circunstancias».

Él no sabía que en este momento yo estaba escribiendo sobre eso, justamente eso. Y lo entendí como una señal maravillosa de «estar en el camino» (gracias, Raúl de Tena).

El verano de 2021 fue para mí uno de esos episodios oscuros en los que te replanteas la existencia. Durante ese tiempo de estar desconectada de la vida y perdida en mi oscuridad escribía, sentía, reflexionaba, con los ojos de observadora que siempre mira el mundo para comprenderlo un poco mejor. Y necesité un libro que me guiara en mi oscuridad, que me diera cobijo y refugio y que pudiera abrazar cuando no entendía nada. Y quise comprender que la vida me regalaba esa experiencia para que lo escribiera yo, con una compasión mayor de la que nunca sentí por lo vulnerables que somos cuando no somos nada.

Y aquí estoy, intentando escribirte en las siguientes páginas palabras refugio que te abracen cuando sientas que nada tiene sentido, cuando te pierdas del camino o cuando necesites recordar que la vida te abraza, te sostiene y te ama.

Tengo claro que no es un libro que entenderá o necesitará todo el mundo, y tampoco lo necesitarás todo el tiempo. Pero sí que cuando lo necesites esté ahí para ti, listo para recordarte que estamos vivos, que estamos aquí, que todo es parte, que confíes en la vida y en ti porque todo está bien.

Y, entonces, este libro cumplirá su cometido. Y yo también.

Espero y deseo que encuentres aquí el abrazo y el amor que necesitas.

Con amor,

Laura

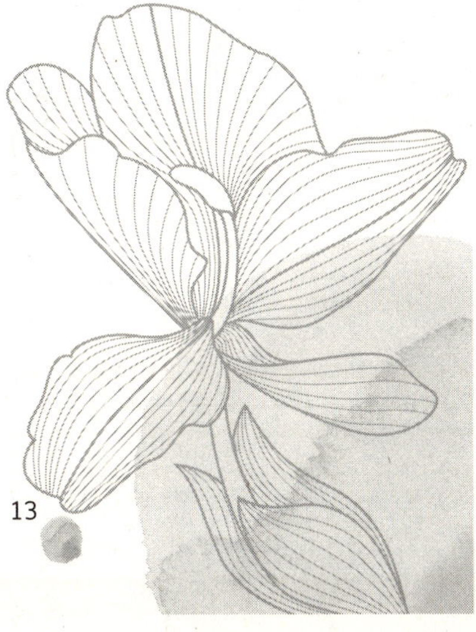

¿CÓMO LEER ESTE LIBRO?

Este libro está escrito para que te dé las respuestas que necesitas en cada momento. Está distribuido en tres partes porque quizá en este momento necesitas leer alguna de ellas especialmente.

- La magia de la vida (deja que la vida te hable).
- Todo es posible (confía en ti).
- Cuando todo se derrumba (confía en la vida tal y como es).

Ábrelo y déjate guiar por el título de cada página para sentir en ti si es lo que necesitas leer en este momento.

Es como dejar hablar al libro confiando en tu maestro interior, ese que sabe qué necesitas y así encontrarlo fuera. Donde leas «vida», puedes poner la palabra «universo», «Dios», «divinidad», «fuente» o lo que más se adapte a tus creencias para darle sentido. Todo está bien.

En el libro encontrarás cinco formas de amarlo:

- Conectándote con las reflexiones, poesías y textos que te invitan a confiar en la vida, en la adversidad y en ti, amando todo como es.
- Descubriendo ocho herramientas para aplicar en tu vida diaria el aprendizaje.

- Inspirándote con los mantras/afirmaciones para calmarte, soltar o confiar.
- Encontrando el sentido a través de las historias inspiradoras.
- Sintiendo la magia del libro también a través de las imágenes que te hablan.

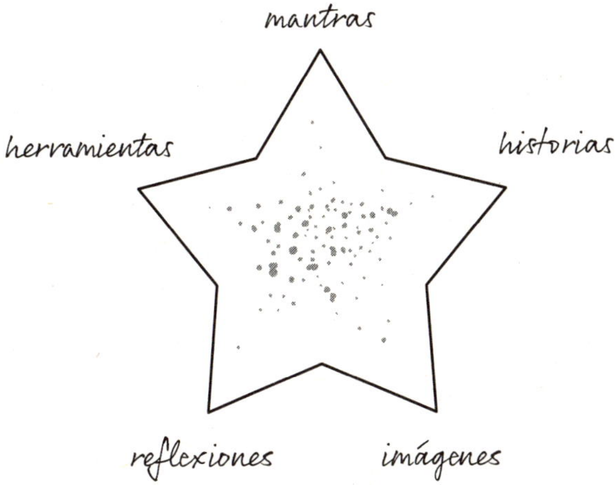

Este libro está creado para ser calma y refugio, para comprenderte mejor y vivir desde ahí. Para amarte más bonito desde esa comprensión a todo lo que hay en ti.

Siéntelo. Vívelo. Hazlo tuyo. Compártelo. Regálalo. Tenlo siempre cerca para que sean las palabras que te abracen cuando lo necesites.

Confía en la magia de este libro.

Confía en la vida.

Confía en ti.

Confía

Tan fácil a veces
y tan difícil otras...
Confiar es sentirse en manos de algo más grande que tú,
rendirse a lo que es,
con la certeza de que algo está llegando.
Algo perfecto, adecuado, único,
justo lo que necesitas en este momento.
Aunque no lo entiendas.
Aunque no lo quieras.
Ámalo como si lo hubieras elegido.
Es dejar de imponer lo que quieres que sea la realidad,
para dejarla ser, expresarse, crearse.
Cuando confías, el universo juega a tu favor.
Puedes sentirlo.
Puedes verlo.
Porque cuando confías,
el universo
eres tú.

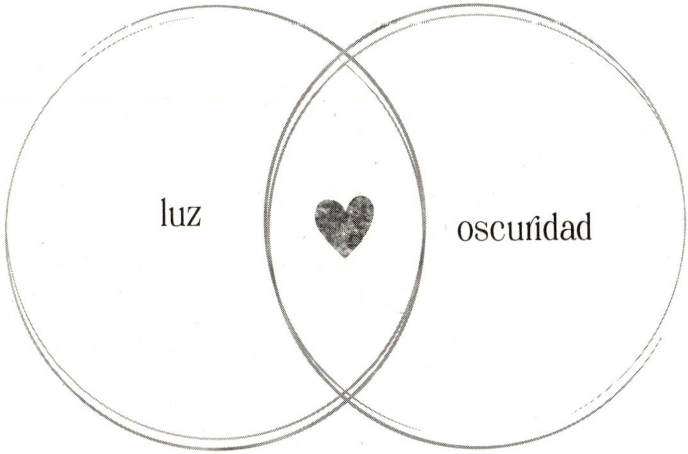

La vida es luz y oscuridad.
Enfócate en tu luz.

INTRODUCCIÓN

Todos tenemos una parte de nuestra vida que no contamos a nadie.

No es la parte más bella, brillante o alegre de nuestra vida, sino la parte más difícil o llena de dolor e incomprensión. Intentamos ocultar a los demás nuestro mundo más oscuro, quizá porque no sabemos mirarlo de frente, integrarlo como parte de nosotros mismos o relacionarnos con *la oscuridad* de la misma forma que lo hacemos con *la luz*. El resultado es que vivimos una vida a medias, y en esa mitad solo nos sentimos bien mostrando la parte bonita de lo que nos pasa. Cuando nos llena la oscuridad, cuando nos inunda el miedo o la vida nos muestra su peor cara, nos escondemos. Del mundo y de nosotros mismos. Tu vida es la prueba para reconocer que vivirlo así no ha sido muy positivo, entonces, ¿crees que podrías hacerlo diferente?

Dolor, miedo, falta de ilusión, pérdida del sentido de la vida, desconexión con la vida que te sostiene, tristeza profunda, oscuridad, muerte, enfermedad. Todo lo que escondemos es quizá y probablemente por dos razones: (1) por el significado que le damos en nuestra vida y (2) porque no sabemos gestionarlo.

Podemos empezar por el principio: ¿qué significado le das a esos episodios oscuros o difíciles de tu vida? Puedes vivirlo como eso, un episodio, que empieza y termina, o como algo que crees que es para siempre, o que no tiene fin, y esto da lugar al punto 2:

la forma de gestionar estos momentos complicados viene en gran parte de cómo los estés mirando, en qué pones el foco y qué te dices a ti. Como decía Joseph Murphy, «tienes la capacidad de crear tu propio cielo o tu propio infierno, solo con tu forma de pensar». Y saber esto es una suerte, porque nos brinda herramientas para poder aprender a afrontar de una forma más positiva la adversidad, a tratarnos mejor en medio de la tormenta, y a transformarnos en cada experiencia desde una mirada llena de confianza en la vida.

¿Cómo eres tú cuando pierdes la ilusión?, ¿y cuando nada parece tener sentido en tu vida?

No sé si alguna vez has vivido este tipo de experiencias, probablemente alguna o varias veces. De unas te acordarás y de otras no tanto, porque tendemos a rechazar tan fuerte lo que nos incomoda o nos hace daño, que más que poner conciencia para comprender, anestesiamos para salir pronto de ahí. Pero la historia se repite, una y otra vez, y lo que cambia, además de las circunstancias, es nuestra perspectiva para vivirla, la mirada y el nivel de conciencia. Aunque en ocasiones sientas que estás pasando «por lo mismo», nunca lo es, porque cada segundo eres diferente, por tanto todo cambia. Como dijo Hermann Hesse, «no vamos en círculos, vamos hacia arriba. El camino es una espiral, y ya hemos subido muchos pasos». Y en esos pasos en espiral hacia una cada vez mejor forma de vivir la adversidad, hemos descubierto algo:

La vida es luz y oscuridad.

Y siento que nadie nos cuenta cómo vivir los momentos de menos luz, de tristeza profunda o de pérdida de ilusión y sentido. ¿Cómo es posible, si se trata de algo que vivimos todos varias veces a lo largo de nuestra vida? Creo que hemos llegado a ese momento vital en el que *hacer como que no pasa nada* ya no es suficiente, y necesitamos sentir lo que estamos viviendo, comprendernos y vivir todo lo que es sin miedo.

Y no es tan fácil, cuando casi nadie habla de esa oscuridad, y cada vez que la tocamos sentimos que algo no está bien en nosotros o que no hay salida.

Imagina que estás andando por un camino lleno de curvas y obstáculos al que llaman vida. Por el camino hay partes en las que tienes que atravesar pequeñas cuevas y túneles para seguir adelante. En esos túneles y cuevas apenas hay luz, pero sabes que debes cruzarlos para seguir adelante porque tienen un comienzo y un fin, y después vuelves a la luz.

En esta metáfora te resulta sencillo imaginarte caminando por zonas donde ves el sol y otras de tramos oscuros, porque lo vivimos mientras conducimos o paseamos por algunas zonas. Pero cuando se trata de nuestra vida, cuesta más visualizarlo con esa naturalidad.

Si estás pasando en estos momentos por uno de esos túneles en los que no hay luz, recuerda que empieza y termina, y después vuelve la luz, porque en realidad nunca se ha ido. Pero ¿qué ocurre en esos túneles de nuestra vida? ¿Cómo podemos transitar mejor por esos momentos oscuros para que sean realmente transformadores y vivirlos con menos sufrimiento? Esas son las preguntas que me hice al sentir que tenía que escribir este libro que ahora está en tus manos. Y porque yo misma, por qué no decirlo, he necesitado un manual con estas respuestas para abrazarlo fuerte en algunos momentos y sentir que «todo está bien».

Espero que lo que aquí comparto contigo, como siempre fruto

de mi propia vida, reflexión-observación, te ayude a vivir con menos dolor y más amor y autoamor todas las partes de tu camino, disfrutando de aquellas en las que brilla el sol y abrazándote fuerte en aquellas en las que vives la oscuridad. Porque todo ello, junto e inseparable, forma parte de la vida, y a la vida hay que amarla tal y como es, con todo lo que nos trae.

Muchas veces la realidad nos rompe para soltar los trozos que no resuenan con nuestra verdad.

Adictos al apego, nos cuesta *la vida* dejar ir, transformar o cambiar, y a veces es la vida la que lo hace por nosotros. Y lo que en el momento vemos como castigo o error del universo, después resulta ser un regalo para nuestra evolución.

Por si alguna vez tuviste dudas: no tienes el universo en contra, siempre lo tienes a favor, o como recoge *Un curso de milagros* (UCDM): «Todo existe para tu beneficio, aunque en el momento no puedas entenderlo». Ese día, el día en el que puedas abrir tus brazos a todo lo que la vida te trae sin resistencias, cambiará también tu forma de vivirlo. A veces cuando la vida parece estar derrumbándose, realmente está recolocando las cosas en su lugar.

Tu propósito a veces te salva de la vida.

Dijo Viktor Frankl, que «no hay nada que capacite tanto a alguien para sobreponerse a las dificultades externas y a las limitaciones internas, como la consciencia de tener una tarea en la vida». Alinearte con tu propósito te da una fuerza inconmensurable, una energía infinita, que las personas coinciden en que *no saben de dónde viene*. El propósito te conecta con tu sentido de dirección (hacia dónde voy), con los recursos que tienes en ti para conseguirlo, y mueve una motivación profunda (energía) para caminar en esa dirección. Las investigaciones dicen que las personas que sienten conexión con su propósito vital son más eficientes a la hora de regular los procesos fisiológicos asociados al estrés y tienen mayor resiliencia en su vida, pero también en su biología (en la salud de su cuerpo). Esto, sin duda, te ayuda a afrontar con mayor resistencia y determinación los golpes de la vida, pero no siempre tenemos conexión con nuestro propósito de forma clara.

También nos encontramos muchos tiempos de vacío en nuestro camino de vida, en los que no encontramos respuesta al «para qué estoy aquí». Por suerte no nos lo preguntamos mucho, pero en los momentos en los que aparece esa pregunta nos sentimos, quizá, más perdidos que nunca.

Ojalá la respuesta siempre estuviese disponible para nosotros. Pero lo cierto es que hay veces en las que podemos responder con absoluta claridad, y otras en las que solo tenemos silencio y vacío. ¿Y qué podemos hacer ahí? Justo ahí, cuando no hay respuesta clara: abrazar ese vacío como parte del camino. Ahí está el reto: en amarnos también cuando estamos perdidos, cuando lo que era, ya no es, cuando nada parece tener sentido.

En mi libro *Autoamor* te compartía el significado de la palabra: «Amarte incondicionalmente más allá del contexto y de las circunstancias». Y por supuesto aquí también. El reto de amarte y mantenerte contigo, con amor, respeto y equilibrio, incluso en el desequilibrio, en el vacío y en el *no-saber*. Si consigues eso, ya has reducido en un 60 % el dolor. Podríamos decir que el otro 40 % es más gestionable si, en la medida que puedas, te relacionas con él dejando que duela, dejándolo ser, dejándolo estar el tiempo que quiera quedarse. Es algo normal para nosotros rechazar lo incómodo y doloroso, porque no es agradable. Siguiendo el poema de Rumi de que las emociones entran en «nuestra casa de huéspedes», es como si no dejásemos que entrara el dolor, porque no nos gusta lo que nos trae, y cuando está dentro, lo escondemos tanto que no puede encontrar la puerta de salida. Vivir el dolor de forma adaptativa implicaría dejarlo entrar y salir de nuestra «casa» haciendo lo que tiene que hacer: llegar, regalarnos su mensaje, transformarnos y marcharse. Y así con todas las emociones.

«Quien sabe de dolor, lo sabe todo».
Dante

El dolor y la oscuridad, como parte de tu vida, tienen para ti un mundo de aprendizaje infinito que te transforma en la medida en la que dejas que lo hagan. Eso es así: lo que duele, transforma. Lo que transforma, te hace evolucionar.

Vivir el dolor y darle espacio en tu vida como parte de estar vivo es una de las herramientas que encontrarás en este libro. Abrazar la vida como es y volver a ilusionarte cada día, confiando en ella, también.

Confía, todo está bien.

Con amor,

Laura

Te he visto volver a empezar
cuando pensabas que no podías.
Una y otra vez,
mirando de frente a la vida
y recordándole quién eres,
que estás aquí,
que sigues aquí,
a pesar de los pedazos rotos
y de las piedras en el camino.
Y mírate;
ni siquiera tú creías en ti,
con tu derecho a cansarte,
y tu miedo a equivocarte,
pero siempre ha sido más fuerte
el poder de tus sueños
que la voz de tu miedo.
Y ahora estás aquí
creyendo en ti como nunca antes.
Amando la vida como es
y abrazando este instante como
tu mayor maestro.
Comprendiendo
que todo es camino y que tú eres magia,
y con la certeza de que viviendo desde tu corazón
no volverás
a equivocarte.

Confía

La magia es como el aire;
siempre está, pero no la vemos.

Deepak Chopra

La magia de la vida

Deja que la vida te hable

Cerrar los ojos.
Sentir.
Olvidar el pasado.
Estar en *el hoy*.
Momento presente.
Este instante.
Presencia.
Respirar.
Escuchar la vida.
Sentir el aire en ti.
Sonrisa en tu cara.
Relajación.
Paz y amor.
Vacío.
Plenitud.
Alma.
Tu cuerpo contigo.
Tú contigo.
Nada importa.

Todo está bien.

CONFÍA. TODO ESTÁ BIEN

Hace relativamente poco tiempo que incorporé este aprendizaje a mi vida.

La primera vez que leí «todo está bien» me generó una especie de rechazo que aún no puedo explicar. ¿Cómo que todo está bien? ¡No está bien! ¡No *todo está bien*!

Lo leí hace años en un libro de la maravillosa Louise Hay donde explicaba que todo está bien, porque es así, tal y como es, y eso es «en la perfección natural que es la vida». Quizá lo que no está bien es lo que tú has decidido que tiene que ser. Todo un aprendizaje para una persona llena de control (ilusorio) en casi todas las áreas de su vida. De pronto empecé a incorporar esa idea en forma de mantra en mi vida, y me ayudó tanto que desde 2016 lo llevo tatuado en el antebrazo al otro lado de «confía», donde pueda verlos constantemente. Me hace bien mirarlos, sentirlos como parte de mí y elegirlos como los mantras que guían mi vida. Aún recuerdo la sensación de liberación que sentía las primeras veces en las que lo repetía o lo leía en mi brazo. Aprendí a confiar en la vida poco a poco, sin nada en concreto, con la vida como maestra. Como yo soy: descubriendo mi verdad con mis experiencias, ensayo y error, y siempre amor. Pero lo más relevante de mi cambio de mirada fue la liberación que sentí. Hay una parte de entrega a la vida en la que no somos entrenados, y tampoco informados. Más bien al contrario: si entregas a la vida la responsabilidad, eres una persona pasiva, vaga o que no persigue sus sueños. Y quiero traerte aquí el concepto de equilibrio, tan sabio y tan olvidado tantas veces. El equilibrio de hacer y dejar hacer. El equilibrio de perseguir y confiar en el proceso. El equilibrio de saber que has hecho tu parte y que el resultado te ofrecerá el camino perfecto que necesitas, aunque no lo sepas. El equilibrio de crear tu vida con la certeza de que la vida también te está creando a ti.

¿Y qué podemos hacer cuando «decides» una cosa y la vida te trae otra? Confiar en lo que la vida te está trayendo en ese momento. Otro aprendizaje maravilloso que me ha hecho vivir la vida diferente y, sin duda, más bonita. Te podría poner mi vida entera de ejemplo, pero prefiero que pongas la tuya. Recuerda en este instante algunas de esas experiencias en las que querías una cosa, la vida te llevó por otro lado, no lo entendiste (como es normal) y con el tiempo resulta que ese camino te llevó a un lugar (a un resultado) mucho mejor de lo que te hubieses imaginado. Toda tu vida es una serendipia. Te falta creerlo. Pero de verdad, con tu corazón.

Confiar en que todo está bien te invita a soltar el control y entregarte a lo que está siendo, al momento presente, a la vida como es, a ti.

Y no, no siempre es fácil.

Crecemos tan alejados de nosotros mismos que hemos perdido la capacidad natural de conectarnos con lo que sentimos, con lo que creemos o con nuestra magia. Y si la magia tuviera un nombre, se llamaría confiar.

Crecemos aprendiendo que lo mejor es lo contrario: hacer, forzar, controlar. Y en un intento por dar a la mente y la responsabilidad personal el lugar tan importante que merecen nos hemos olvidado de equilibrarlo con la magia natural que vive en nosotros y que nos rodea, que se llama vida.

¿Por qué? Por varias razones, pero una de las más poderosas es el miedo.

¿Cómo dejar en manos de no sé qué lo que me pase? Prefiero ejercer control hasta el más mínimo detalle de mi vida para creer que todo es resultado de mi voluntad.

Y si así todo me va bien, será maravilloso. Créeme que soy de las que se alegran cuando a alguien le va muy bien, porque siente que «controla» su vida y parece que todo marcha en el orden correcto. Pero también es cierto que sin hacer nada, sin planear ni forzar, hay un momento en la vida en el que parece que ese control que antes te funcionaba deja de hacerlo, y te sientes a la deriva. Lo intentas y no sale. Lo haces y el resultado es el contrario de lo esperado. Así muchas veces, como si pulsaras el botón para cambiar la canción y no te hiciera caso. En psicología se llama indefensión aprendida, cuando nada de lo que intentas tiene resultado, y como consecuencia lo dejas de intentar.

Y haces eso: lo dejas de intentar. Es como si te retiraras de la partida. Como si te echaras a un lado, esperando a que todo pase, mientras vuelves a buscar tu sitio.

Y de pronto, justo cuando no haces nada, cuando sin darte cuenta has entregado la responsabilidad a la propia vida (al universo, a Dios, a la vida), justo ahí, ocurre la magia: parece que todo se ordena y llega a ti un nuevo sendero que se convierte en camino.

Y qué bonito que puedas comenzar a caminar por esa nueva

oportunidad y de una forma diferente, porque algo en ti ha cambiado: la mirada, la aceptación, la confianza, el amor.

Desde este momento sabes que no estás sola/o, que no puedes controlarlo todo, que hay tiempos que necesitan espacio y que estás aprendiendo a dárselos, y que vivir abierta/o a esta magia que te rodea hace que la vida sea aún más bonita.

Vivir confiando en la vida es vivir confiando en ti.

Confía, todo está bien.

Tienes un poder maravilloso:
crear tu mundo dentro de ti.
Cuidar qué dejas que viva en ti,
y qué eliges que se vaya.
Dando a todo su espacio,
también a lo que te hace llorar.
Porque todo es parte y todo es necesario.
Después agradece e invita a irse a lo que ya
no te hace bien.
A lo que no quieres que se quede.
Pensamientos, palabras, miedos.
Y crear un rincón maravilloso en tu interior
donde quieras estar.

Ese es el verdadero regalo.

Confiar:
esperar con firmeza
y seguridad.

ESPERA CON FIRMEZA Y SEGURIDAD

Si buscas la palabra *confía* en el diccionario de la RAE, aparecen varias descripciones, todas relacionadas con la esperanza.

> Del lat. ***confidāre***, por **confidĕre**.
> Conjug. c. *enviar*.
> (...)
> 3. *tr*. Dar esperanza a alguien de que conseguirá lo que desea.
> 4. *intr*. Esperar con firmeza y seguridad. U. t. c. prnl.

Confiar es llenarte de esperanza. Pero la esperanza bien entendida, esa que te llena de vida y de seguridad sin necesidad de hacer nada más porque ya no te corresponde a ti. La firmeza de quedarte donde estás sabiendo que lo que tiene que llegar va a llegar, por su proceso natural y a su tiempo. La seguridad de que lo que está para ti viene en camino, y no tienes que hacer nada más de lo que has hecho, además de abrirte a lo que está por venir.

«La esperanza es un quizá que tiende al sí».
Juan Luis Mora

¿Te imaginas vivir así? ¿Imaginas cómo sería tu vida, llena de controlar y hacer, viviendo desde esa firmeza de esperar con seguridad lo que sabes que llegará a ti? Sin duda sería una vida en calma, llena de estabilidad y confianza, alejada del estrés y del forzar, siendo más que haciendo, sintiendo más que pensando y, muy probablemente, con más salud que la que tenemos actualmente. Porque el forzar y el controlar nos llena el cuerpo de cortisol, y, en exceso, tiene consecuencias negativas para la salud. En esta analogía controlar sería llenarnos de cortisol, y confiar, llenarnos de oxitocina, la conocida hormona de la felicidad. El regalo es que podemos elegir cómo relacionarnos con la vida, desde qué lugar y con qué mirada.

En un texto sobre la esperanza que leí en una ocasión había un trozo que me llenó de amor, decía: la belleza de un arcoíris no niega la ferocidad de la tormenta. Cuando aparece un arcoíris no significa que la tormenta nunca sucedió; significa que algo hermoso y lleno de luz apareció en medio de la oscuridad. Las nubes de tormenta pueden todavía amenazar, pero el arcoíris provee un balance de color, energía y esperanza.

La esperanza es eso: una luz que guía la fe en medio de la tormenta. La tormenta sigue ahí, pero la esperanza te inspira a mirar hacia delante y prepararte para cuando salga el sol.

Confiar es entregar parte de lo que eres y de lo que quieres, a la vida, y dejar que todo siga su proceso. Parece fácil, pero es justo todo lo contrario. Es invitarte a vivir el momento con el momento, soltando la expectativa de lo que tiene que ser.

Entregarte como liberación del control, rendirte a la vida con aceptación incondicional de lo que es. Y a la vez, en ese soltar, llenarte de certeza de que todo está bien, de la confianza del que sabe que está en el camino perfecto, y de la seguridad de que todo lo que tiene que llegar está de camino.

Una práctica de mi propia vida en la que probé el poder de confiar fue con la actividad de crear un mandala de vida, hace unos ocho años. Fui a un taller de *coaching* sistémico a apoyar a un compañero que lo impartía, y lo hice como una alumna más. El mandala era una cartulina donde tenías que representar con recortes de revistas una situación deseada para ti, con preguntas del tipo ¿dónde te ves de aquí a tres años?, ¿cómo es tu vida en ese momento?, y conectarte con la respuesta deseada.

Aunque yo facilitaba ese tipo de dinámicas, lo cierto es que pocas veces tenía ese espacio para hacerlo conmigo. Ese taller lo disfruté mucho. Mientras lo realizaba me conecté con lo que quería para mí en ese momento de mi vida. Aún reponiéndome de un divorcio, necesitaba estabilidad económica y personal, éxito profesional y una casa con una terraza con mucho sol y con vistas al mar, y esas fueron las imágenes que representé en la cartulina: unos tacones rojos en un escenario (éxito), una terraza llena de flores, sol y con vistas al mar, un coche blanco precioso, una foto de una familia en un hogar y una foto de dinero. Terminamos la sesión y seguí con mi vida normal, intensa profesionalmente e inestable en lo personal. Tres años después vendimos la casa de matrimonio y tuve que hacer una mudanza (rapidísima) en la que me ayudó toda mi familia. Mi hermano se acercó con una cartulina y me dijo: ¿esto lo puedo tirar? Al abrirla para ver qué era me caí de espaldas. Absolutamente todas las fotos del mandala se habían hecho realidad. Tenía lo que se supone que es éxito profesional: daba conferencias por toda España, era reconocida en mi profesión y tenía que decir que no a muchos trabajos porque no llegaba a todo. Me sentía estable personalmente y «en mi sitio», y lo más fuerte: me había comprado una casa mucho más pequeña, pero con una terraza llena de sol desde la que se veía el mar. Y un coche blanco. Y lo más impactante de todo es que no me había dado cuenta durante el proceso, ni siquiera en la toma de decisiones. Fue al ver esa proyección tan gráfica y concreta cuando tomé conciencia del poder que tenemos para crear nuestra vida, confiando en el tiempo, en tus capacidades, en ti. En mis formaciones y talleres invito a hacer esta actividad de proyectar y confiar a través de esta herramienta que nos ayuda a pensar, concretar, clarificar, proyectar y soltar. Si puedes, pruébalo.

Una vez que hayas hecho tu parte, quédate tranquilo mientras todo llega. Como dice Neville Goddard, «quedarse tranquilo es tener la profunda convicción de que todo está bien». A veces lo que se requiere de ti es creer en eso que quieres en lo más profundo de ti, confiando en que lo quieres, lo mereces y, por lo tanto, es.

Espera con firmeza y seguridad todo aquello que en tu corazón hayas creado, hayas dado como verdadero, y creas de verdad en ello.

Confía, todo está bien.

TODO PASA PARA ALGO

Aún no lo sabes, pero todo pasa para algo.

Sé que en este momento quizá no puedas entenderlo, especialmente si estás pasando por algo difícil. Pero si es el caso, quizá eso que pasa te está abriendo a una parte de ti que estaba dormida, escondida entre todo lo que eres, y ahora se está abriendo.

Experiencias llave: esas vivencias que nos abren a otro yo.

Esas experiencias que te abren a una parte de ti que necesitaba ser vista y que aún no habías podido ver. Donde reside tu mayor fortaleza y resistencia. Como si destaparas un pozo oculto entre las ramas y descubrieras que está lleno de ti, de tus capacidades, habilidades y recursos para vivir lo que la vida te traiga. Esas experiencias que nos hacen comprender que todo tiene un sentido perfecto, aunque lo que está pasando en este momento —a nuestros ojos— no lo sea.

Puedes darte el permiso de creer en lo que no ves.

De seguir tu intuición, aunque no la comprendas.

Que es posible comprender todo lo que está pasando antes de creer que cobre sentido para tu mente.

A vivir menos desde tu mente y más desde tu corazón.

Desde ahí todo es posible, todo es perfecto y todo es parte.

Un conflicto te abre a un crecimiento.

Una despedida te abre a nuevos comienzos.

El vacío te abre a la verdad de tu ser.

El dolor te muestra dónde tienes que seguir sanando.

La muerte te enseña que todo *termina*, pero aún sigues aquí.

Confía en todo lo que está siendo, en el poder de lo que pasa para mostrarte los próximos pasos. Confía en que estás siendo guiado a través de las experiencias que se te presentan. Confía en tu poder para transitar los caminos que todavía no conoces.

Abraza el vacío y cómo te hace sentir.

Confía, todo está bien.

Suelta lo que no es tuyo.
Te lo pongo más fácil:
nada lo es.
Suelta lo que pesa, lo que aprieta, lo que te fuerza a ser.
Suelta lo que esperan, lo que quieren, lo que no te deja ser.
Suelta los miedos, las decepciones, los lazos que te unen
a quien ya no está.
Suelta lo que te hace pequeña, lo que te limita,
lo que te ata a una única verdad.
Suelta todo lo que no eres tú y no has sabido dejar.
Suelta la parte del camino que ya no te hace vibrar.
Las personas que no te impulsan.
Los miedos que te impiden crear.
Suelta los apegos dolorosos.
Lo que fuiste ayer y ya no eres.
El lugar en el que debes estar.
Suelta todo lo que te aprieta, te presiona
y no te deja respirar.
Suelta.
Respira.
Vive.
Eres libre.
No ates tu libertad a una vida sin aire.
Vive de la forma que puedas

respirar

SOMOS MARIPOSAS

Decía Bruce Lipton, que «las crisis son precursoras de la evolución».

Por mucho que se repita este fenómeno en nuestra vida, cada vez que llega una crisis la vivimos con el mismo pánico. Pero podemos aprender a vivirlo de manera diferente.

Cada persona es única, por tanto vive sus procesos de forma única; pero si pudiésemos poner una secuencia al proceso, sería algo así como:

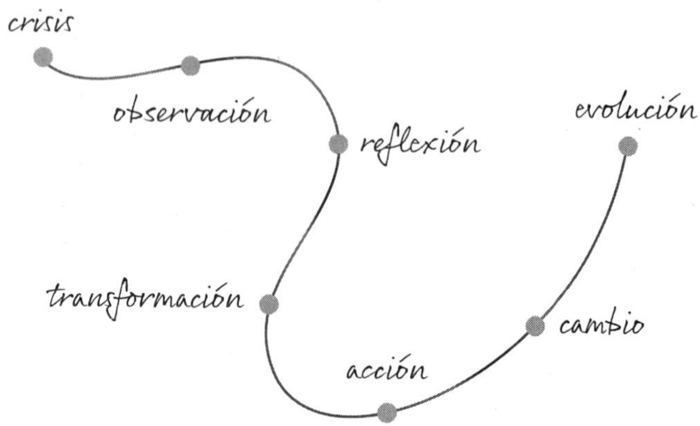

Y durante todo el proceso, autoobservación y aprendizaje de cada una de las fases, y sobre todo, aprendizaje de ti mismo. Si viviésemos así las crisis, serían verdaderos regalos para nuestro ser.

Pero llega el miedo.

Cada vez que algo hace tambalear la aparente estabilidad y orden en tu vida, tiemblas. El miedo se apodera de la magia del cambio, la secuestra y la arrastra para envolver en incertidumbre y pensamientos oscuros algo que puede ser verdaderamente mágico. Cuando lo vemos en el proceso de transformación de las mariposas nos lo parece, pero cuando somos nosotros quienes nos enfrentamos a una crisis (= cambio) nos sigue pareciendo aterrador.

Hace veinte años me tatué una mariposa en la espalda. Para mí tenía el significado del permiso que me daba a transformarme continuamente, a sentirme en constante evolución, y vivir desde ahí. Es sin duda un símbolo de cambio y libertad, pero también de luz y oscuridad, de esperar y confiar, de impermanencia y permitirte brillar.

«Aquí está lo sorprendente: la oruga y la mariposa tienen exactamente el mismo ADN. Son el mismo organismo pero están recibiendo y respondiendo a una señal de organización diferente».

Bruce Lipton

Todos somos mariposas, en procesos que se repiten a lo largo de nuestra vida como un regalo para transformarnos y evolucionar. Esos procesos sagrados nos permiten rompernos por dentro para expandirnos por fuera, cortando todo lo que no nos deja ser, transformando cada célula de lo que éramos en un nuevo yo, con más aprendizaje, más verdad y menos ego.

El regalo para nuestra transformación son las crisis, y el regalo que nosotros podemos hacernos es permitirnos esta transformación.

Por ello:

- Bienvenidas las crisis, que me hacen evolucionar.
- Bienvenidos los cambios de planes, los «errores» en mi programa perfecto y las rupturas de lo que «debe ser».
- Bienvenido todo lo que me haga romper por dentro las limitaciones que no veo en mí, pero que no me dejan ver lo que de verdad es.
- Bienvenido el no saber, la oscuridad de la crisálida, el refugio que encuentro en mi interior para procesar los cambios.
- Y bienvenida esa ruptura de lo que era, para ampliar el espacio fuera, poder desplegar mis alas y volar.

Confía, todo está bien.

Una mañana un hombre descubrió en un rincón de su casa un capullo con una mariposa a punto de salir.
Con curiosidad, el hombre se sentó y decidió observar el proceso.
Durante horas vio cómo la mariposa luchaba forzando su cuerpo a través de la pequeña abertura del capullo, sin lograrlo.
Estaba atascada.
Desesperado por la pobre mariposa, el hombre tomó unas tijeras y cortó lo que faltaba para que la pequeña mariposa saliera, y así fue: la mariposa salió fácilmente. Pero su cuerpo era pequeño y retorcido, y sus alas estaban arrugadas.
El hombre, emocionado, esperó que la mariposa abriera las alas.
Pero nada pasó. De hecho, la mariposa pasó el resto de su vida arrastrándose en su retorcido cuerpo, sin poder volar.
Él nunca lo supo, pero en su ignorancia, evitó una parte importante del proceso vital de la mariposa. La lucha por salir del pequeño capullo es indispensable para ella, para que pueda darle fuerza a sus alas y estar lista para volar.

La libertad y el vuelo solo son posibles después de tu proceso de transformación.
No lo olvides.

Esta historia inspiradora y bella tiene autoría desconocida.

VIVIENDO LA PELÍCULA PERFECTA

Confiar también es quitarte de en medio.

Dejar hacer.

Dejar ser.

Dejar fluir lo que tenga que ser.

Porque a veces crees que haciendo se arregla todo, y precisamente hacer cuando no hay que hacer interfiere en lo que tiene que ser.

Dejar de hacer para que algo sea.

A nuestra mente lógica y controladora le cuesta comprender que no es imprescindible, que si no interviene, algo puede ocurrir. Justo ahí está el equilibrio de la confianza; en saber cuándo hacer y cuándo entregarnos a lo que tiene que ser.

Y hacerlo con total convicción de que lo que venga es para nuestro bien, aunque con nuestros ojos limitados no siempre podemos entenderlo. Pero sí aceptarlo, y eso, de forma inherente, nos ahorrará sufrimiento.

Y como un arte mágico, cuando pasa el tiempo y miras atrás en el camino de tu vida, puedes comprenderlo todo. Como si fuera una película sin final, en la que cada personaje, acontecimiento y sentimiento tuviese un sentido absolutamente perfecto, coordinado por algo más grande, más allá de lo que en ese momento pudieses ver.

Seguro que te suena esta «mirada al pasado perfecto», y a la vez te causa cierta inquietud sentir que estás siendo parte de una película perfecta en la que a veces crees que sabes el final, pero nunca es el que habías pensado.

Tomar conciencia de esto nos ayuda a que en adelante podamos aceptar con más amor y menos resistencia lo que pasa, porque en el fondo de tu corazón sabes que todo sucede por algo, aunque ahora no puedas verlo.

Eckhart Tolle dice: «Acepta todo. Cualquier cosa que el presente te ofrezca, acéptalo como si lo hubieses elegido. Trabaja con lo que tengas, no en su contra».

Porque es sin duda la forma que tenemos disponible para hacernos la vida más fácil. Dejar de resistir a lo que es para aceptar lo que está siendo.

Con ojos cerrados y corazón abierto.

Entregándote al momento presente con todo lo que eres para vivirlo y transitarlo, transformarte y transformarlo.

Con amor y desde el amor.

Con gratitud y esperanza.

Con la certeza de ser protagonista de la película (perfecta) de tu vida que no termina hasta que sale la palabra fin.

Mientras tanto, todo es camino. Y el camino eres tú.

Confía, todo está bien.

Confía

A veces te haré vivir rápido,
para que no pienses mucho mientras caminas.
A veces te pararé, para que recuerdes lo importante
mientras coges aire.
A veces sentirás que te quito oportunidades,
personas y cosas, pero es para hacerte evolucionar
y abrirte a lo que está por llegar.
Te pido que confíes, aunque no sepas,
aunque no veas,
que confíes en mí como quien confía
en alguien que ama.
Solo te pido que me ames como soy,
que me aceptes en todas mis fases,
para que puedas aprender lo que he venido a darte.
Y que vivas cada día como si fuera único.
De hecho, lo es.

Atentamente,
la Vida

EXPANSIÓN - CONTRACCIÓN

El corazón se contrae y se expande para bombear sangre y producir vida.

Las células se contraen y se expanden para crear vida multiplicándose.

El útero se contrae y se expande para dar vida.

El cuerpo se contrae y se expande para respirar y poder vivir.

La contracción siempre es el preludio de una gran expansión.

En cada contracción hay muerte, y en cada expansión hay vida. Y, por tanto, evolución.

Cuando respiras, hay un momento entre la exhalación y la inhalación en el que no hay nada. Sin embargo, confías en que es parte del proceso y te entregas a ese vacío sin miedo, con la esperanza de volver a llenar tu cuerpo de vida al respirar. Y ahí todo está bien. Porque comprendes que es un ciclo natural, un baile de llenar y vaciar, de coger y soltar, que nos invita a no cuestionar, solo a ser parte de ese baile.

Y nuestra vida fluye en medio confiando en cada parte del proceso.

Y la vida es igual.

Cada etapa de contracción nos prepara para una mayor expansión. Sin embargo, lejos de vivirla con amor como parte natural del proceso, la rechazamos. Quizá por incomodidad, por desconocimiento o por miedo. Y la expansión también nos da miedo, porque ¿y si es demasiado grande para mí? Esto es vivir en desconfianza con la vida y el proceso, y con el ciclo natural del ser. «No confío en el proceso; en lo que la contracción me va a transformar, ni en lo que la expansión me va a permitir dar».

Si la naturaleza nos habla y nos muestra que todo es parte, nuestro reto es aceptar todo tal y como es y fluir de verdad con ello.

Asentir a lo que es. Aceptar lo que está siendo. Confiando en que todo es perfecto.

Cuando sientas que estás en contracción, confía en el proceso, deja que te transforme, y vive con la mayor conciencia este «renacer».

Regálate el permiso de amarte a través del cambio y la transformación, de contraerte para expandirte, de resguardarte para transitar tu duelo, para compartir tus alas después.

Cuando sientas que estás en expansión, disfruta del momento presente, confía en lo que tienes por dar, y brilla.

Comprende que:
Contracción es para nutrirte de ti y transformarte.
Expansión es para compartirte con el mundo.

Confía, todo está bien

Hay días de mirar atrás.
De bajar la mirada, de que te falten fuerzas.
Ser humano debería implicar sentirse humano;
sentir que puedes caerte, equivocarte,
porque eres imperfecto.
Y es perfecto así.
Y después de eso, volver a ti.
Recordar por qué haces lo que haces,
para qué estás aquí,
y poner el foco en lo que puedes ganar
y no en lo que has perdido.
Caerse es natural;
levantarse, el reto de cada día.

Siempre aprenderás a levantarte
si pones tu mirada en tu horizonte
y no en el suelo.
Confía.
Todo está bien.
La vida te sostiene.

Estamos de paso

Todo es camino

CONFÍA EN EL DESVÍO

Sentirte absolutamente perdido es el punto de inicio para encontrarte a ti mismo. Si confiaras en esto, tu vida cambiaría, porque pondrías relajación donde ahora hay ansiedad, y confianza donde ahora hay miedo.

¿Y si es necesario estar viviendo esto para llegar a ti mismo? ¿Y si precisamente ese «sentirte perdido» es lo que te va a llevar al lugar que necesitas? Cada duda e incertidumbre es un camino que te lleva al lugar donde ocurre la magia: a ti.

Dejar de resistir a lo que pasa te abre a sentir lo que pasa, y cambiar sufrir por vivir.

Resistirte es sufrir, y confiar es vivir.

Puedes mirar atrás en tu vida y contar las veces en las que algo no salió como habías planeado, y aun así te sorprendió. Si analizas con detenimiento lo que sentiste, probablemente pasaste del rechazo inicial a la confianza en lo que estaba pasando, incluido el efecto sorpresa de darte cuenta de la magia, cuando miras hacia atrás.

Sería algo así como:

Tengo un plan y no ocurre lo que esperaba.

Opción A: Elegir el ***punto X***

Opción B: Me bloqueo, me enfado con la vida, siento que perdí el control de mi vida, me lleno de incertidumbre y dudas porque no sé qué va a pasar ahora, veo si puedo hacer algo más

Opción C: Incluye la opción B + elegir el ***punto X***

Opción D: Seguir intentando a cada segundo tener control sobre algo que no puedo hacer nada, ansiedad, nervios, ira, tristeza

En el ***punto X*** es donde elijo confiar. Y ahí sucede la magia. Lo puedes elegir en el inicio del proceso, en medio, al final, o no hacerlo. Pero al ver el esquema, puedes intuir cuánto sufrimiento te ahorrarías si el punto X estuviese incorporado como recurso de afrontamiento en tu vida. Requiere entrenamiento: quizá con el tiempo nos acerquemos más a la opción A y, desde el inicio, cuando algo no sale como esperábamos, confiar en el desvío, en lo que la vida nos trae. Pero normalmente empezamos por el final, con las pruebas de la vida, descubriendo con cada experiencia, activando el observador y la reflexión, y una vez que hemos hecho lo que teníamos que hacer, y ya no está nada en nuestras manos, confiar nos ayuda a elevar la vibración, a entregar la responsabilidad de lo que necesitamos vivir a la vida y a confiar en que estamos siendo guiados hacia las experiencias y respuestas que son nuestro siguiente paso en nuestro camino de evolución. Esto explica por qué las personas más conectadas con la religión viven de una forma más amable los desvíos, incluso los sucesos traumáticos. Su primera respuesta está vinculada con el plan de Dios (sea cual sea su dios) y ahí se sienten abrazados y guiados, y viven con menos sufrimiento lo que pasa.

Yo no me considero religiosa, pero sí espiritual. Y antes fue al revés. He necesitado el encuentro y el desencuentro para volverme a encontrar, pero de forma diferente, profunda y libre, con mi espiritualidad. Respeto y admiro al ser humano conectado con su dios, o sus dioses, y me impresiona ver cómo la fe lo mueve y le da fuerzas para superar lo insuperable (me estoy acordando de la India en concreto al escribir de este tema). Un día le dediqué una poesía a la India y decía que para comprenderla había que mirarla con ojos de India. Y a la vida, también. Los ojos de juicio casi nunca nos sirven cuando lo que vivimos necesita ser comprendido con el corazón. Y confiar en lo que es.

No es raro que cuando estés pasando por alguna parte de ese esquema alguien te diga «confía», «la vida sabe lo que hace» o «Dios tiene un plan», palabras que nos salvan muchas veces porque nos recuerdan que debemos soltar el control y abrir las manos para recibir lo que sea que venga.

Ahora quizá la vida te lo está pidiendo a ti.

Estamos de paso, todo es camino.
Confía en el desvío, todo está bien.

Yo confío.
Suelto lo que esperaba para abrirme a lo que es
a lo que está siendo,
a lo que la vida me regala a cada instante.
Yo confío.
Me entrego al presente sin miedo,
con los ojos llenos de esperanza
en lo que está por llegar.
Yo confío.
Me abro a la vida tal y como es
y la dejo manifestarse a su tiempo,
a su ritmo y con sus formas perfectas,
aunque ahora no lo pueda entender.
Yo confío.
Y dejo que la vida me transforme
con cada dolor, con cada amor, con cada respiración.
Y en cada paso de ese baile,
me quedo conmigo.
Me acompaño, me transformo
y me permito vivir y soltar
confiando en que lo que dejo ir vuelve diferente
y que a cada segundo yo también soy diferente.

Yo confío.
Respiro.
Acepto.
Suelto.
Me entrego.
Bailo.
Recibo.
Me transformo.
Cambio.
Evoluciono.
Y me entrego a la vida a cada instante
amándola tal y como es.
Yo confío.
Y en esa confianza
me encuentro de verdad
conmigo.

CONFÍA EN LA SINCRONICIDAD

No hace mucho que descubrí cómo estaba funcionando la sincronicidad en mi vida, y aunque es algo muy común en mi día a día, nunca deja de sorprenderme. Lo más básico y usual son experiencias como hablar de alguien y que aparezca delante de ti, pensar en alguien y que en ese instante te mande un wasap, o pedir una señal y que te llegue por cualquier vía para ayudarte a tomar una decisión. Pero hay muchas vivencias que han pasado desapercibidas y que al verlas con perspectiva resulta imposible no pensar que hay algo guiando este juego que es la vida.

Desde que tomé conciencia más firmemente, anoto en un cuaderno precioso todo lo que me pasa que me parece mágico. Pedir algo y que ocurra, necesitar algo y que aparezca, o necesitar que algo cambie y sin hacer nada pasa algo que cambia justo lo que necesitabas. Quiero compartir contigo algunos ejemplos de cómo opera la sincronicidad en mi vida. En 2013 viajé sola a Tulum (México) para formar a sesenta directivas de una empresa, y me sentí como si el universo me hubiese cuidado y protegido desde el principio hasta el fin del viaje. Recuerdo que al volver contaba a mi familia y amigos cómo había sido todo de mágico sin saber muy bien qué estaba diciendo, porque ahora lo veo con claridad. Una de las vivencias más importantes de ese viaje fue que se retrasó mi vuelo a Madrid, el que me tenía que llevar con destino a Miami y de ahí a Tulum, de forma que la hora en la que aterricé en Madrid coincidía con la que salía el siguiente vuelo. Tardé una hora más en llegar a la puerta de embarque porque no la encontraba, había que desplazarse de terminal y fue un caos. Cuando llegué a la puerta de embarque dos horas después, tan agobiada como ahogada de correr, leí en la pantalla: «Vuelo con dos horas de retraso, embarque inminente». Tal y como estás pensando, fue como si me hubiese esperado. Eso sentí y así lo viví. Me recuerdo sonriendo en el avión entre el shock y la incredulidad, pero es cierto que en ningún momento sentí que me iba a pasar algo que no pudiera gestionar. Confiaba en lo que pasara, eso lo recuerdo perfectamente, mi estado de conexión con el ahora tal y como es. Al volver de México tenía unos cincuenta euros en pesos mexicanos que no quería traerme de vuelta a España, y se lo regalé al chófer que me llevó al aeropuerto, que vivía con sus nietos en casa. Le dije que así les compraba algo, lo cual me agradeció mucho. Me quedaban tres horas en el aeropuerto hasta la salida de mi vuelo, y tenía muchísima hambre. Recuerdo estar delante de un cartel de un restaurante de hamburguesas mirando qué me iba comer, cuando de pronto me di cuenta de algo muy importante: ¡no tenía dinero! Se lo había dado al chófer, tampoco llevaba dinero en euros y la tarjeta que tenía entonces no era internacional. Mientras miraba el cartel de comida fijamente y me daba cuenta de todo esto sentía que necesitaba comer, y entre pensamiento y pensamiento me reía porque ¿había alguien más despistado que yo en el mundo? Entonces se me acercó un hombre que miraba el mismo cartel y a los diez segundos me preguntó: ¿vas a comer?, ¿te importaría comer conmigo? No me gusta comer solo. Le dije lo que me había pasado, me invitó amablemente y después de comer juntos se fue a su avión y yo al mío. Hace poco le recordé el episodio y se sorprendió de que aún me acordara de él. ¿Cómo no acordarme? Gracias, Carlos de Dallas :) Escribo estas líneas y aún me pregunto ¿estas cosas pasan? ¡Si yo nunca hago eso! Pues es tan cierto como que estoy escribiendo este libro. Hay momentos y vivencias que no tienen explicación lógica, y más cuando son tan seguidas, unidas y llenas de esa sincronicidad a veces inexplicable, pero lo que se siente es más poderoso que lo que podemos pensar o decir.

Otro ejemplo que descubrí hace poco: comencé mi relación con el padre de mi hija un 30 de junio, y mi hija nació el 30 de junio seis años después. ¡Mismo día! Y así muchas coincidencias que nos hacen pensar que estamos en un plano más mágico de lo que creíamos, guiados por algo muy bello que nos va acompañando en nuestro camino. Así me sentí en la Navidad de 2021, justo cuando comencé a escribir este libro.

El día de Navidad sentí una tristeza tan profunda que no quería salir de casa. Tuve que ir a celebrar la Navidad con mi familia aunque mi mayor deseo era refugiarme en mi sofá y llorar lo que sentía para reponerme. Me inundó un sentimiento de estar sola para afrontar lo que me pasaba, lo que me abrumaba. Cuando por fin me iba a volver a casa, mi tío me miró y me dijo: «Tengo una cosa para ti». Fue a buscarlo y me trajo una cajita negra gastada y descuidada. Me la entregó y me dijo: «Este es el rosario de tu yaya, y tiene que estar contigo». La abrí y me encontré un rosario blanco, en perfecto estado, que llegó a mí precisamente el día en el que más soledad sentí, y además 25 de diciembre, día en el que según la religión cristiana nace Jesús. Me quedé sin palabras, pero entendí el mensaje: mi yaya, mi abuela, estaba diciéndome «no estás sola. Estoy contigo». Pasé varios días con el rosario en la mano mientras me sanaba.

La vida, el universo, las personas que amamos nos mandan mensajes para recordarnos que estamos siendo guiadas, acompañadas y sostenidas en cada momento. Siéntelo así con todo tu amor.

Te invito a que hagas esto a partir de este momento: anotar en un cuaderno todos los ejemplos, pequeños y grandes, de cómo opera la sincronicidad en tu vida. Te ayudará a creer en la magia cuando más lo necesites.

Decía Neville Goddard: «Lo único que se requiere de ti es que creas. Todas las cosas son posibles para el que cree». Y la única verdad es que, desde esta mente lineal y basada únicamente en lo que ve, lo que más nos cuesta es creer.

Tenemos dos formas de vivir: desde la mera coincidencia o desde la magia de sabernos guiados y acompañados.

Deepak Chopra dice: «No creo en las coincidencias sin sentido. Creo que cada coincidencia es un mensaje, una pista que requiere nuestra atención». Abrirte a la sincronicidad y a la magia es, en la mayoría de las ocasiones, una decisión. Y lo cierto es que desde ahí todo cambia. Es la decisión de comprender lo que el universo te manda y alinearte con el mensaje, en lugar de forzar lo que según tu mirada debe ser. Recuerda que toda necesidad de control viene del miedo, y cuando el miedo guía tu vida, el resultado que obtienes está basado en la misma energía. Sin embargo, cuando te abres a esta magia de la que eres parte, que ya eres, también dejas que se manifieste a tu alrededor. No sé si lo has experimentado, pero cuanto más creo en la magia que es la vida, en las coincidencias que no son tal, en la sincronicidad y en las señales, más aparecen, más se dejan ver y más siento que me guían. Hay, por tanto, una parte en ti en la que puedes abrirte a ello para vivir más conectado con todo lo que te rodea, aunque aún no puedas verlo. Como dice Joseph Murphy, la magia es la creación de determinados efectos a través de fuerzas que aún no comprendemos. Y quizá —añado yo— nunca lo terminemos de comprender, pero qué bonito vivir desde ahí y con ojos de magia hacia la vida. Ojalá en mi vida nunca cambie eso.

Confía en la magia de tu vida. Todo está bien.

Cambiar es estar vivo.

A pesar de que el cambio es una constante que nos ha acompañado desde el día en que nacimos, seguimos resistiéndonos a todo lo que tiene que ver con él. ¿Por qué? Porque duele. Porque es difícil desprenderse de algo que amas. Porque tendemos al apego, y cuando algo se va, nos cuesta dejarlo marcharse. Porque pesa más cuánto nos aferramos a lo que estaba que la confianza en lo que está por venir. Sin embargo, sabemos que cambiar significa que estamos vivos, que estamos aquí, que estamos en constante evolución. Aunque duela.

Recoge el Tao:

Cuando uno nace. es blando y flexible;
cuando muere, acaba duro y rígido;
cuando las diez mil cosas y la hierba y los árboles viven,
son flexibles y dúctiles;
Cuando están muertas, se agostan y secan.

Así pues, decimos que lo duro y lo rígido
son compañeros de la muerte,
mientras que lo flexible, lo blando, lo débil y lo delicado,
son compañeros de la vida.

Demos espacio entonces a lo que hemos rechazado en nuestra vida: esa parte delicada, blanda o débil, sabiendo que es de todo menos eso. Pues es la parte que permanecerá flexible cuando la realidad nos tense, nos lleve al límite o ponga a prueba nuestra resistencia. Y es precisamente la parte que nos va a permitir afrontar los cambios con la flexibilidad y la adaptación que necesitamos. Recoge también el Tao:

En movimiento sé como el agua.
En la quietud, como un espejo.

Y la vida nos invita a esto: a fluir con lo que llega para no hundirnos luchando contra lo que es, y a crecer y reflexionar cuando estemos en calma para poder afrontar cada una de las tormentas con más recursos personales. Esos que ya están en ti, que a veces se esconden tras tus miedos, pero siempre están en ti.

Y a estas alturas de la vida hemos aprendido algunas cosas:

- Que los cambios siempre han estado y siempre estarán para abrirnos camino.
- Que todo es cambio, y tú también lo eres a cada segundo.
- Que es precisamente ese cambio el que te está dando la oportunidad de evolucionar a cada instante.

- Que ante el cambio tienes que bajar las resistencias para vivirlo de la forma menos traumática.
- Que es necesario que sueltes lo que eras para abrirte a lo que puedes ser.
- Que cambias porque estás vivo. Y qué suerte.

Confía en el cambio. Todo está bien.

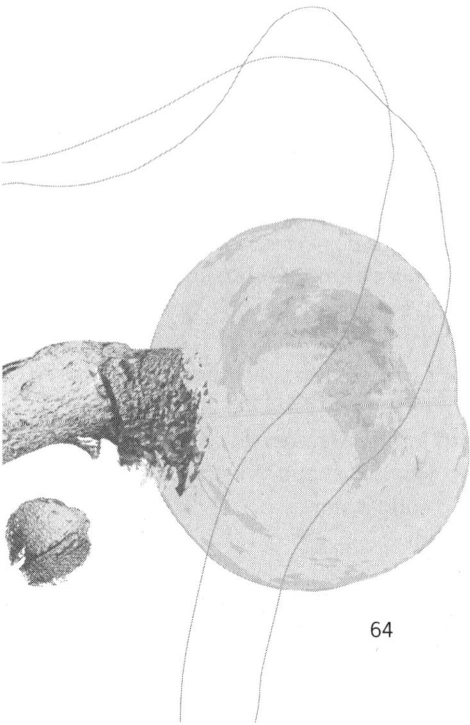

La vida es:
Luz
Alegría
Disfrutar
Sentir
Amar
Aprender
Superar
Vivir
Conocer
Compartir

Pero también es:
Oscuridad
Tristeza
Incertidumbre
Desconocer
Cambios
Vacío
Dudas
Miedos
Obstáculos
Pérdidas
Desencuentros

Y la vida te pide que la ames
tal y como es,
sabiendo
que amar la vida
es amarte a ti.

MIRA AL MUNDO CON COMPASIÓN Y AMOR

Escribió Virginia Woolf esta frase: «Cada uno tenía su pasado encerrado en él como las hojas de un libro que él conocía de memoria; y sus amigos solo podían leer el título».

Probablemente pocas personas pueden ver desde fuera lo que estás sintiendo dentro. Cuando atravesamos tormentas o momentos complicados tendemos a guardar las apariencias y maquillar nuestra vida para que no se note; si eres mujer, labios rojos y sonrisa a la vida. Eso funciona, pero un poco.

El maquillaje dura lo que dura; después tienes que mirarte en el espejo con todo lo que hay en ti, y el espejo no engaña.

Eso que tantas veces vives tú, lo viven cada día muchas personas de tu entorno, y tú no te das cuenta. Nos quedamos con lo superficial, con las tapas del libro, y la historia de cada uno vive en lo más profundo.

Una de las cosas que me enseñó el dolor más profundo fue a respetar más los procesos de las personas que pasaban por ese dolor.

Una de las cosas que me enseñó la enfermedad fue mi vulnerabilidad y a tener mayor humildad frente a la vida, porque todos estamos expuestos a todo, y eso nos hace iguales.

También aprendí a empatizar mucho más con personas que viven en enfermedad.

Si estás pasando por momentos difíciles, aprovecha la energía del dolor para conectarte con el mundo, para dar y recibir amor y compasión, para sentirte sostenida también en esto.

Cuando te sientas fuerte, ayuda. Cuando te sientas débil, déjate ayudar. Y esto convierte el mundo en el ciclo perfecto.

Mirar más allá de lo que se ve. Traspasar las tapas del libro y mirar el interior. Tratar a las personas como personas, mirar a los ojos y sentir amor y compasión por el mundo que te rodea.

Decía Carl Jung que «el conocimiento de tu propia oscuridad es el mejor método para hacer frente a las tinieblas de otras personas». Y es que justo ahí, cuando nada ves, cuando sientes que todo lo pierdes, es cuando de verdad te encuentras contigo. Esa realidad te permite una conexión profunda y auténtica con las personas que sufren, que están en oscuridad, que sienten dolor. No tienes que ser ejemplo de nada, más allá que de ti misma, pero tu vida puede inspirar a otras personas a amarse en todas sus fases, y a superarse desde el amor incondicional.

Somos «humanidad compartida»: recuerda que estamos todos conectados y donde algunos ven oscuridad, tú puedes ser luz.

Y al ser luz para otros, también llenas de luz los espacios vacíos que hay en ti.

Porque ayudar e iluminar a otros te llena de luz a ti. Como recoge el bello Jeff Foster mientras transitaba por una enfermedad que lo llevó al límite:

No busques la luz, amigo.
Simplemente sé la luz.
Sé lo que eres. La luz de la vida.
Y ten el coraje de brillar, iluminar e irradiar plenamente
en los lugares adoloridos, los lugares sensibles.
Haz esos lugares seguros para que los pequeños monstruos
salgan de su escondite.
Hazles saber que son hermosos.
Y dignos.
Y no monstruos en absoluto.

Quiero presentarte dos conceptos preciosos que hacen el mundo más bonito:

Ubuntu

Yo soy si todos somos

Un antropólogo propuso un juego a niños y niñas de África. Puso una cesta llena de frutas bajo un árbol y les dijo que quien llegase primero podría quedarse con todas las frutas. Cuando dio la señal de salida para que empezaran a correr, todos se cogieron de las manos y corrieron juntos. Después se sentaron juntos a disfrutar de su premio. Cuando les preguntó por qué habían corrido así, cuando uno solo hubiese podido ganar toda la fruta, respondieron: «UBUNTU, ¿cómo podría uno de nosotros ser feliz y estar contento si el resto está triste?».

Esta historia recoge la esencia de la filosofía UBUNTU, originaria de Sudáfrica, y significa algo así como «Yo soy si todos somos», proclamando el cuidado y el apoyo hacia los demás. Lo sentimos cuando conectamos con otras personas y compartimos escucha, respeto, sensación de humanidad y conexión emocional. ¿Cómo sería el mundo si todos viviésemos desde ahí?

Tonglen

Usar tu propio sufrimiento personal como camino de compasión hacia todos los seres

La práctica de Tonglen es un método para conectarse con el sufrimiento —el nuestro y el de todo lo que nos rodea—. Según recoge la monja budista Pema Chödrön, es un método para despertar la compasión que es inherente a todos nosotros, y disuelve el miedo al sufrimiento que todos tenemos. El centro de la práctica es inspirar el dolor de otros para que puedan estar bien y tener más espacio para relajarse y abrirse, y espirar enviándoles relajación y amor o aquello que sientas que les dará alivio y felicidad. De ti para todo el mundo. Conectándote con el dolor de otros a través de tu dolor y haciendo más bello el mundo.

Hacer un mundo más bello es posible si comenzamos a conectarnos con el corazón de las personas que nos rodean, sostenernos y acompañarnos en nuestro verdadero sentir, sin apariencias, sin máscaras y sin mentiras, y sanando nuestros miedos desde el amor. Y si sanas tú, sanamos todas.

Confía en quien te rodea, todo está bien.

Agradecer lo que pasa
es abrirte a confiar en lo que llega.

Confiar en lo que pasa
es aprender a agradecer lo que llega.

AGRADECE LO QUE PASA

La relación que tienes con la gratitud te expande o te contrae. La gratitud nos hace humildes y grandes a la vez. Diversas investigaciones recogen cómo cambia la mirada a la vida, incluso la biología y la salud mental, cuando incorporamos la gratitud en nuestra vida. Es relativamente fácil agradecer mirando atrás; el reto está en afrontar las adversidades del día a día desde esa mirada de gratitud. Es como si en medio del dolor, de la sorpresa de lo inesperado, de la incertidumbre de la falta de control, o de la tristeza de la pérdida, el sentimiento de gratitud abriera paso a un nuevo estado lleno de luz y esperanza, que a su vez nos lleva a confiar en lo que está pasando.

Agradecer lo que la vida nos trae es tomar una posición de humildad frente a la vida, de apertura a lo que es, alejando el juicio que nos cierra a la experiencia del presente, rindiéndonos al momento y nos conecta con la magia de la vida. Desde esa mirada de gratitud todo es más bello, más mágico, lleno de causalidades y sincronías y la abundancia sobrepasa las carencias.

Confiar en lo que la vida te trae, te hace desarrollar también la capacidad de agradecer lo que llega, porque sabes que aunque ahora no puedas comprenderlo, esta experiencia te va a llenar del aprendizaje necesario para algo que tienes que transitar y vivir. Esa es la mirada amplia, potenciadora y cuántica que tanto nos cuesta, porque nuestra esencia como seres humanos es vivir desde la mirada lineal. Y en esa mirada lineal todo nos duele, nos afecta o nos genera conflicto, porque solo vemos una parte de la información de lo que está pasando. Agradecer lo que pasa implica dar un salto cuántico y mirar más allá. Comprender que hay datos que aún no tenemos y que quizá todo tiene un sentido, aunque nuestra mirada no logre verlo.

Por supuesto que hay episodios de nuestra vida en los que actuar así parece imposible; tragedias, vivencias muy dolorosas e incomprensibles, y esto cuesta muchísimo más; tenemos que darnos nuestro tiempo. Y recordar que somos humanos, que nos caeremos, no entenderemos muchas cosas y tenemos derecho a enfadarnos con la vida cuando sentimos injusticia. Esto, por incómodo y doloroso que sea, también forma parte del juego. Pero después de esto la siguiente jugada consiste, inevitablemente, en levantarse. La cuestión es ¿cómo quieres levantarte después de esto? Y la clave está en levantarte agradeciendo lo que has vivido, por todo lo que te ha mostrado de ti y de la vida. La gratitud como una forma de vivir con los brazos abiertos a lo que está siendo, brazos abiertos listos para recibir y para dejar ir.

Agradecer lo que es, agradecer lo que llega
y dejar ir lo que se va
(con gratitud y amor).

¿Cómo puedes mirar esto que estás viviendo con esperanza y gratitud?

Con los ojos de:

El final que comienza.

La oscuridad que ilumina.

La tristeza que te transforma.

El dolor que te enseña.

La enfermedad que te refleja.

Es, sin duda, un ejercicio de expansión. De expansión de la mirada, mirando no solo con una mirada lineal y sesgada, sino con una mirada expansiva e integradora, comprendiendo que todo lo que pasa es parte de la realidad y, como tal, hay que aceptarla. Hay una frase que dice «la realidad no está para ser juzgada, sino para ser vista», y por tanto aceptarla como es para, desde ahí, poder actuar integrando todos los elementos posibles.

Y responder a ella con el amor y la gratitud que hay en ti, para transformarla y transformarte por el camino.

Sin duda, todo un reto.

Hay una práctica extendida que comparto contigo, y es la de agradecer tres veces.

Gracias, gracias, gracias.

Agradecemos con cuerpo, mente y espíritu.

Gracias por todo lo que soy.

Gracias por todo lo que tengo.

Gracias por todo lo que está en camino.

Confía y agradece. Todo está bien.

Aceptación amorosa

Acepta con amor y gratitud lo que está siendo.
Permítete vivir el proceso de aceptación con
respeto a tus tiempos y necesidades
y con mucho autoamor.
Respira, haz espacio, integra, acepta, y sigue.
Desde tu amor y con amor a ti y al mundo.
Todo está bien.

Confía

Hay momentos de no llegar a nada
y momentos de hacerlo todo.
Momentos de luz y momentos oscuros.
Días en los que te sientes diosa
y días en los que no puedes verte.
Días en los que amas la vida
y días en los que te quieres esconder de ella.
No estás mal, no hay defectos en ti.
Todo es parte del mismo camino.
Abrazar la vida es abrazarla toda.
Disfrutar la alegría y comprender la tristeza.
Amarte en tu luz y en tu oscuridad.
En el éxito y en el error.
En el amor y en la pérdida.
Solo cuando comprendas que todo es una,
que todo es lo mismo,
que todo es parte,
amarás la vida
y te amarás a ti.

CONFIAR ES ABRIRTE A LA MAGIA DE LA VIDA

La magia empieza donde termina tu deseo de control.
Secretos de la vida mágica:

- Normaliza la magia de tu vida en tu día a día, en las pequeñas cosas.
- Retira el juicio a lo que estás experimentando: la vida mágica va más de sentir que de pensar.
- Entrena la aceptación profunda a lo que estás viviendo; lo que sientes, es.
- Baila con la vida; sigue los pasos de lo que estás viviendo para aprender a bailar.
- Creer para crear: hay un lugar dentro de ti en el que todo es posible. Recuerda conectarte con ese espacio cada día para seguir creyendo y creando.
- Respira, cierra los ojos y conéctate con la vida en ti. La magia es todo lo que eres cuando te desconectas de fuera.

- Sigue las señales. La magia se manifiesta de manera simbólica: números que se repiten, luces que te guían, personas que aparecen cuando piensas en ellas, palabras clave que llegan a ti. No creer a veces se vuelve imposible por la insistencia de las señales. Cuando te abres a ellas, descubres que siempre estuvieron ahí. ¿Qué ha cambiado? Tu capacidad (mágica) de mirar.

- Tu energía (interior) revela la magia (exterior). Cuanto más cuidas la energía en ti, te mantienes en paz, amor y calma, más receptiva estás para la magia de la vida. Lo que llamamos «vibración energética» crea la magia que vives. Elige el amor siempre.

- Menos razón y más corazón. No intentes explicar con la mente lo que sientes con el corazón. El ser humano es todo, aunque se haya centrado la atención en el plano mental. Hay fenómenos, sensaciones, vivencias que experimentamos que no pueden explicarse; sin embargo, se sienten, se viven y se repiten. Creer en la magia va más allá de lo que podemos ver.

- Cuando confías, tu universo se expande. Hay un momento de entrega a la vida en el que cambias el sufrimiento que te genera el intento de control, por la paz y la calma que te genera confiar en la vida. Recuerda en qué momento de tu vida sentiste esto y si aún no lo has experimentado, prueba, explora, intenta algo diferente a lo que haces, y a ver qué pasa.

- La vida se alinea para ti. Todo lo que ocurre tiene un sentido perfecto que quizá se aleja del plan que tenías tú. Mirar con distancia te ayuda a encontrar el juego perfecto de las piezas para comprender ese «para qué ocurrió» que en su momento no entendías. No hay mayor magia que mirar tu propia vida con distancia.

- Vivir es aprender a soltar. Soltar patrones que ya no te sirven, creencias de tu «yo» de ayer, personas que ya no vibran contigo, y todo es más fácil si lo haces confiando en lo que está por venir. El ser humano tiene una excesiva tendencia al apego, y todo lo que sea soltar le genera sufrimiento. Explora cómo te relacionas con soltar, cambiar y dejar ir. Hazlo desde hoy con la confianza de que está llegando el siguiente nivel de personas y experiencias para aportar lo que necesitas en tu evolución. Y da las gracias.

- Todo es tu maestro: un error, una persona que amas, una persona que te altera, una situación límite, un cambio. Tu poder es elegir mirar lo que pasa desde los ojos de la confianza o del miedo, ser víctima o aprendiz.

- En lugar de por qué, aprende a preguntarte para qué. ¿Para qué ha llegado esta persona a mi vida? ¿Para qué me habrá puesto la vida esta experiencia? ¿Qué tengo que aprender de esto? Son preguntas que te ayudarán a afrontar desde tus recursos y tu aprendizaje lo que estás viviendo, alejándote del victimismo en bucle que te regala el «por qué a mí». Estás en tu derecho de preguntarte por qué, pero no quedarte a vivir ahí; pasar del por qué al para qué te regala el cambio que necesitas para afrontar lo que pasa desde el amor a ti.

RELÁJATE Y VIVE

Tu mente en el mañana te mata a cada instante. Mata el instante presente y a ti con él. Simplemente porque no te deja ser.

Relájate. Todo está bien.

Todo tiene una solución y llegará, ahora mismo o en unas horas, quizá mañana o en unos días, pero será.

Respira, y con cada respiración ganas confianza y sueltas tensión y miedos.

Regálate el momento presente, porque cuando tu mente vive en el mañana, la tensión y la anticipación, te roba el hoy. El ahora. Este instante.

Y ¿sabes qué?

Que no se volverá a repetir.

Que se pierde y ya nunca vuelve.

Que es pasado desde el momento en que lo dejas de vivir.

Sea lo que sea lo que te preocupa en este instante, confía.

Si te preocupa una persona, recuerda que ella tiene su propio proceso, con sus tiempos perfectos y su aprendizaje, y aunque a veces quieras avisarla, protegerla o cuidarla, hay cosas que tiene que experimentar por sí misma, como hiciste tú.

Si te preocupa una situación, recuerda que todo tiene solución. Quizá no está saliendo como habías imaginado, pero llevará el camino más conveniente para lo que tenga que ser.

Si te preocupa una enfermedad, recuerda que ha llegado para contarte algo, escúchala con todo el amor que puedas y que siga su proceso de evolución, entrada y salida de tu cuerpo, comienzo y fin. Confía en lo que tiene para ti, agradécele el aprendizaje y el mensaje y agradece a tu cuerpo cada día su capacidad de autocuidado y equilibrio.

Si te preocupa una muerte inminente, tienes un trabajo muy bello que hacer: conectarte con el amor incondicional y acompañar al final del camino a quien quizá necesita irse, pero no sabe, porque no le dejan. Confía en el proceso natural de la vida y también en su fin, y regala el permiso a partir a quien necesita irse. Con el amor y la gratitud más bellos del mundo.

La vida además está llena de momentos incomprensibles para nuestros ojos, con dureza emocional e injusticia que nunca podremos entender. Esto también es parte, y nos queda abrazar con fuerza el mensaje de vida que nos da la muerte o la enfermedad, el mensaje de «disfruta la vida» que nos dan los momentos difíciles, y el mensaje de amor que nos recuerda el dolor.

Y vivir todo como parte del mismo regalo, que es la vida.

Relájate, vive este instante, que es lo único que de verdad tienes.

Confía, todo está bien.

Lo que espero está de camino.
Lo agradezco.
Lo espero.
Y confío.

Me dijeron:
–o te subes al carro
o tendrás que empujarlo–.
Ni me subí ni lo empujé.
Me senté en la cuneta
y alrededor de mí,
a su debido tiempo,
brotaron las amapolas.

Gloria Fuertes

MANTRAS PARA ABRIRTE A LA MAGIA DE LA VIDA

- Me abro a los mensajes que la vida me regala.
- Me entrego a la vida mientras me muestra el camino.
- La magia me rodea por todas partes.
- Confío en lo que está siendo.
- Acepto el momento presente tal y como es.
- Amo la vida y la aprecio como el regalo que es.
- Todo lo que me rodea es un milagro, y también yo.
- Me regalo este instante presente para recordarme que estoy aquí.
- Acepto cada cambio como muestra de que estamos vivos.
- Siento que la vida me ama y yo amo a la vida.
- La magia de la vida se manifiesta a través de mí.
- Me conecto con mi amor para vivir la vida desde ahí.
- Me entrego al momento presente.
- Digo sí a la vida tal y como es, y la abrazo en su esencia.
- Asiento a lo que es, a la realidad tal y como está siendo.

El sentido de bailar
no es que el baile termine,
es simplemente bailar.
El sentido de la vida
no es llegar a ningún destino,
es sencilla y mágicamente,
vivir.

La confianza es la conciencia de que
quien crees ser, no puede manejar tu vida,
pero quien eres en realidad
sí lo hará.

Ram Dass

Todo es posible

Confía en ti

Tus regalos

Imagina que al nacer se te regalan unos talentos para que vayas descubriéndolos durante toda tu vida, y los compartas con el mundo. Imagina que durante el camino, en vez de abrir esos regalos para ver qué hay, los envolvieras más, los escondieras o los soltaras porque «no los mereces».

Imagina cómo cambiaría tu vida, lo que haces, y lo que das al mundo, si te decidieras a abrirlos y disfrutarlos.

Tu conexión con todo el talento que hay en ti, es tu expansión y tu luz en y para el mundo.

Tú eliges qué haces con esos regalos que te ha dado la vida.

Si sientes que quieres escribir, escribe.
Si sientes que quieres pintar, pinta.
Vive tu regalo.

El mundo
te está esperando

CONFÍA EN TODO LO QUE HAY EN TI

Decía Ralph Waldo Emerson: «Si perdiera la confianza en mí, tendría el universo en contra».

Eres el resultado de cada uno de los días que llevas contigo, viviendo, superando, aprendiendo, equivocándote y levantándote. ¿Cómo no vas a confiar en todo lo que eres? Ni tú mismo puedes definir con claridad cómo eres o qué eres capaz de hacer, sencillamente porque es infinito, y el infinito no es cuantificable.

Tu mirada humana no alcanza a ver tu grandeza. Para acercarte un poco a ver la inmensidad que eres, tienes que abrir bien los ojos; los del corazón. Cerrar los ojos con los que ves el mundo y que tan poco pueden verte a ti, y abrir los ojos de tu alma con los que de verdad puedes mirar quién eres. ¿Qué verías desde ahí?

Un ser que se reinventa cada vez que se cae, sin importar de dónde viene porque sabe que cada día puede empezar de cero. Que gobierna sus miedos cuando estos no le dejan ver lo que está por venir. Que se atreve, aun sin saber lo que vendrá después. Infinito en posibilidades y en opciones para crearse de nuevo, una y otra vez.

Mirarte desde ahí te recordará cada día que aunque no puedas verlo, dentro de ti está todo lo que necesitas para afrontar lo que estás viviendo, aunque sientas que no lo has vivido nunca antes.

Estás lleno de recursos personales, cualidades, capacidades, experiencia y fortaleza que te hacen resistente a todo lo que pueda ocurrir. Confía en ti. Date el permiso de vivir la experiencia y sentir todo lo que tiene para ti. Que la experiencia te remueva, o quizá te derrumbe. Date el permiso de vivirla como es, con todo lo que te trae, porque tienes en ti los recursos para reponerte y levantarte cada vez con más fuerza. Resiliencia. Tú.

Confiar en ti también es expandirte y entregarte. Algo que muy pocas personas hacen, porque somos más de vivir en el miedo y la inseguridad, y eso nos lleva a vivir a escondidas y a medias. Hablando pero no mucho, creando pero en unos márgenes socialmente aceptados, escribiendo pero que no lo vea nadie. Grandes escritores a día de hoy confiesan que sus primeros manuscritos estuvieron algunos años guardados en un cajón por miedo a las críticas. Ni siquiera se dieron la oportunidad. ¿Tú te has dado la oportunidad?

Encuentra lo mejor en ti y entrégalo al mundo, crea, comparte, escribe, pinta, crea música, baila, entrega todo lo que sientas que necesita ser compartido.

Hazlo, así como yo estoy haciendo con este libro. No importa a cuántas personas les llegue, cuántas puedan entenderlo o cuánto les guste; simplemente compártelo. Así estarás haciendo un verdadero ejercicio de creer en ti.

Lo más difícil para nosotros es aceptarnos como somos y confiar en todo lo que somos; y eso es lo que de verdad nos da miedo. No ser como los demás, o lo que puedan pensar de lo que hacemos. Y esa es precisamente nuestra magia; lo diferente y especial, o incluso lo raro. Eso te hace tener una mirada única que solo tienes tú. No importa cuántas personas escriban en el mundo; mi forma es mía, porque mi mundo interior y la manera en la que me expreso es única. No importa cuántas personas hagan un cover de la misma canción: cada una será única porque está interpretada por una persona también única. Y eso es lo bello. Como dice la psicóloga Kristin Neff: «Ser humano no se trata de ser de una manera particular; se trata de ser como la vida te crea, con tus propias fortalezas y debilidades particulares, dones y desafíos, particularidades y rarezas». Y qué regalo poder colorear el mundo cada uno con su propio color, vestirlo con su propia música, y entre todos hacer un mundo variado y lleno de sentir.

Confía en ti, todo en ti está bien.

Confía

Nunca pierdas la fe.
Eso que tanto amas, llegará a ti.
Eso que tanto deseas, está ahí para ti.
Quizá no cuando tú quieras, cuando tú lo decidas.
Pero si tu decisión es firme,
tu mente incansable, tu corazón indomable
y crees en eso que amas con todo tu ser,
tarde o temprano llegará para ti.
Camina cada día en el camino de tu sueño,
aprende a creer de verdad en lo que quieres,
a mantenerte ante la adversidad,
a sentir las señales de lo que está en camino
y confía en los tiempos perfectos.
El universo dice sí a quien siente el sí.
Lo mereces. Está ahí para ti.
Confía y sigue adelante.

TU PROPÓSITO TE LLENA DE ESPERANZA

Cuando tienes un porqué claro y conectado a tu corazón, esa razón te llena de energía, de esperanza, de motivación por seguir, de amor por lo que haces y por ti. Cuando ese propósito desaparece, se difumina, o se desvanece, en parte también lo haces tú.

Todo es natural y camino. La vida es el espacio que hay entre un sueño y otro, entre un propósito y otro, y cada espacio de vacío nos invita a seguir caminando para crear lo que está por llegar.

El psicólogo A. Salomon concluyó en una investigación que lo opuesto a la depresión no es la felicidad, sino el propósito en la vida, porque cuando tienes algo por lo que vivir, todo se pone en movimiento. Martin Seligman, padre de la psicología positiva, lo define como la vida significativa, uno de los cinco pilares de la felicidad (modelo PERMA), de la siguiente manera: «Es la aplicación de las fortalezas personales para ayudar a los demás, para el desarrollo de algo más importante y amplio que uno mismo. Generalmente este proceso se da a través de las instituciones: la familia, el trabajo, la escuela, la comunidad».

Lo que haces, por pequeño que sea, tiene un impacto en el mundo. Conectarte con eso le da sentido a tu vida, te hace sentir parte de algo más grande, y cuando pierdes fuerza, ese sentido acaba dándotelo a ti. Como recoge la historia de la construcción de un edificio: «¿Qué estáis haciendo?», les preguntaron a tres albañiles. «Estoy construyendo una pared de ladrillos», contestó el primero. «Estoy creando una iglesia», afirmó el segundo. «Estoy levantando la morada de Dios», respondió el tercero.

El primer albañil tiene un trabajo. El segundo, una carrera. El tercero, una vocación. Cada uno según lo que ve en su horizonte, así es su entrega y motivación.

Así de importante es lo que cada uno de nosotros aportamos a esta vida, a este mundo, a tu mundo. ¿Para qué estás aquí? Hasta la más pequeña de las acciones, como coser un botón, suma para crear un traje.

Tu vida con un propósito es más grande.
El mundo con muchas vidas con propósito
es más bonito y mágico.

Te dejo algunas preguntas para conectarte con tu propósito:*

- Reflexiona sobre cómo el trabajo al que te dedicas puede contribuir positivamente al progreso de la sociedad.
- Piensa en cómo, con pequeñas aunque importantes formas, puedes modificar el trabajo que haces para mejorar la relación que tiene con tus valores esenciales.
- Encuentra la inspiración en un modelo de conducta que tenga un propósito en la vida. ¿Se te ocurre alguien cuya vida te inspire para ser mejor persona? ¿Quién es? ¿Por qué?

* Fuente: Angela Duckworth

Y más profundo, para conectarte con el propósito de tu alma:

- Siente en tu corazón lo que has venido a hacer aquí, aquello con lo que más resuenas. Si no lo sabes, no pasa nada, solo ábrete a sentir la respuesta cuando llegue a ti.
- Si no hicieras lo que haces, ¿qué harías, por qué y para qué?
- Siendo quien eres y cómo eres, ¿qué sientes que puedes aportar al mundo siendo tú?
- ¿Qué te hace feliz?

Si no puedes o no sabes contestarlas no pasa nada, solo pregúntate de vez en cuando y deja que la respuesta llegue a ti. No llegará de fuera, sino de dentro, pero es posible que desde fuera percibas esa conexión con tu propósito más de lo que tu mente, cegada por el debería y la culpa, puede alcanzar a ver a veces. Ábrete a la información que te llega de todas partes.

Cuando te conectes con tu propósito, lo harás a la fuente, literal y metafóricamente. Es como si tu fuente se secara de vez en cuando, y el propósito te aportara el agua infinita que llenará tu fuente de energía para seguir, porque crees en algo más grande que en ti mismo.

Tu propósito te salva de la desmotivación y desconexión de la vida. Dale espacio.

Confía en tu propósito, todo está bien.

Sigue creyendo en ti.

Respira

Tienes la capacidad de crear
un mundo de paz
solo con respirar.
Inhala paz y calma,
y deja que el aire inunde tu cuerpo
de vida y de amor,
transformando a cada paso
todo lo que hay en ti
que no te deja ser.
Respira.
Lo de ayer ya ha cambiado.
Respirar te abre a un nuevo hoy.
Abraza con fuerza lo que eres
y el regalo que tienes:
estar aquí.

Respira profundo y deja que la vida te inunde,
que el amor te llene,
que todo en ti sea paz.
Todo está bien
porque
tú
estás
contigo.

Abrázate fuerte.
Acompáñate en el camino.
Y confía
en lo que está siendo.
Respira

RESPIRA

Hay un momento en el que sientes que lo has perdido todo.

Entonces parece que todo deja de tener sentido, y que el sentido que le dabas a tu vida ya no existe. Un sinsentido.

Y te encuentras ahí, donde siempre como nunca antes, preguntándote qué haces ahí. No sé si te ha pasado, te está pasando o alguien cerca de ti lo está viviendo en este momento.

Quiero decirte que sea cual sea tu caso, ese sinsentido va a volver. Una y otra vez. A veces con una fuerza imperceptible, que pasa rozando tu vida y apenas puedes darte cuenta. Y otras, con la fuerza de un tsunami que remueve todos tus pilares, tus cimientos, tus sueños y tu para qué. Y ahí, en medio de esa tormenta que derrumba todo, estás tú, deseando que todo vuelva a ser como antes, pero con la certeza de que ya nunca será lo mismo. Ni tú tampoco.

Respira.

Abrázate fuerte.

Acompáñate en el camino.

Y confía en lo que está siendo.

Respirar te reconecta con tu grandeza interior, te llena de vida y te expande, llenando a su vez la vida de ti. Te para y te ayuda a tomar conciencia de dónde estás, y guía tu respuesta a lo que pasa. Cuando no sepas responder, respira. Cuando quieras tomar conciencia, respira. Cuando quieras tener presencia, respira.

Respira confiando en lo que está por venir. En lo que está sucediendo en este instante. Inhala calma y confianza y exhala miedo y tensión. Así en cada respiración, en cada ciclo, sintiendo cómo en cada inspiración ya eres diferente.

Inhala confianza.

Exhala miedo.

Inhala amor.

Exhala amor.

Inhala calma.

Exhala tensión.

Y en cada respiración conéctate más y más con la vida, y contigo, sintiendo cómo sois el mismo latido, la misma respiración, el mismo instante.

Entrégate a la vida tal y como es, llenándote de ella, y llenando la vida de ti.

Respira.

Confía, todo está bien.

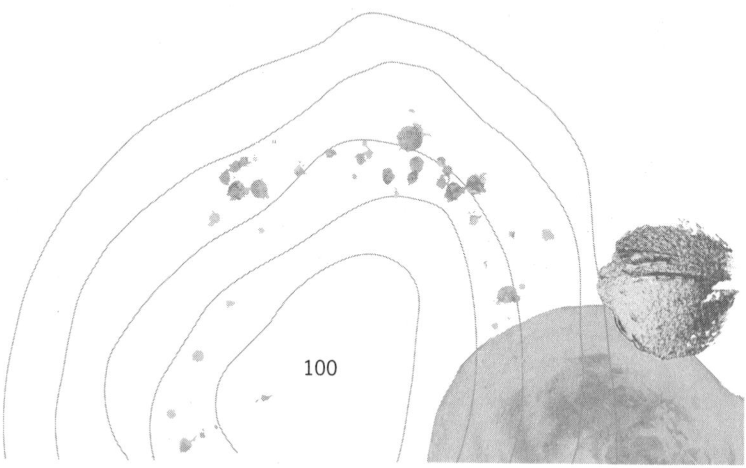

CONFÍA EN TU CUERPO

La enfermedad nos vuelve más vulnerables, más humanos, más de verdad.

Quizá ha llegado para decirte algo, para contarte algo sobre ti que no has sabido ver.

Para llenar de verdad tus ojos, porque no podías verlo.

Te estaba gritando algo sobre ti, algo que cambiar, algo que cuidar, sentir y amar, y no has podido escucharlo.

Y ahora se muestra para contártelo más alto. Para que le des espacio, para que te des espacio, para que vivas despacio.

Quizá para que sueltes todo lo que no eres tú, te alejes de lo que te hace daño y recuerdes que estás contigo.

A veces es el cuerpo doliéndote para recordarte simplemente que existes. Que estás aquí. Que no te olvides.

A veces llega para hacer de espejo de tu vida, mostrándote quién está de verdad, quién te acompaña en la enfermedad, quién está de verdad contigo.

Y a veces viene, te cambia y se va, en cuanto te muestra lo que te quería enseñar.

Y tú lo aprendes.

Porque si no lo aprendes a veces vuelve, a recordártelo más alto, como parte de la experiencia de estar aquí.

Por eso cuando venga no la duermas, no la mates, sin antes preguntarle.

¿Para qué estás aquí?

¿Qué has venido a decirme de lo que no he sabido ver?

Donde dueles pondré más amor.

Donde te sienta pondré más atención.

Soltaré las enfermedades de mi familia porque ellas no soy yo.

Y confiaré en mi cuerpo sabio para curarse con y desde el amor.

Agradece lo que llega, también la enfermedad, porque nos llega para enseñarnos muchas cosas de nosotros y de los demás. Ojalá no tengas que verte en muchos momentos así, pero si lo has estado, estas palabras te resonarán profundo. Y si lo estás, observa y siente lo que vives desde otro lugar.

Comprende que algo en ti te está avisando para que te cuides y te ames. Acepta lo que está siendo como camino a lo que puede ser. Acepta el proceso tal y como es, los tiempos y las fases de lo que estás viviendo. Permítete transformarte a cada segundo. Suelta lo que ya no resuena contigo. Aprende lo que la vida te quiere enseñar a través de esta experiencia. Ámate en la salud y también en tu enfermedad, porque solo desde ahí ocurre la magia. La magia de la vida en ti.

Confía en tu cuerpo, todo está bien.

Cuando te canses de aparentar ser fuerte
te romperás,
y ahí
será el lugar en el que de verdad
te encuentres contigo.
Permítete caerte,
para renacer con menos apariencia
y más verdad.

Y así
un poco más cada día.

El sentido de tu vida
a veces te salva de la vida.

CREA EL SENTIDO DE TU VIDA

Hace muchos años, en una entrevista me preguntaron: «Laura, ¿la vida tiene sentido?». Y contesté: «La vida no tiene sentido; tiene el sentido que quieras darle».

Posteriormente recogí esa frase en mi libro *365 citas contigo*, y algunas personas me escribieron para comentarme que no estaban de acuerdo. Me encanta cuando pasa eso, porque igual que yo reflexiono, me gusta hacer reflexionar con mis comentarios para crecer juntos. Había una coincidencia entre las personas que me escribieron porque les impactó esa frase, y es que eran personas muy creyentes en Dios, incluso alguna vivía para ello. Y eso me hizo pensar a mí.

Las personas muy creyentes no cuestionan en casi ningún momento que la vida tiene sentido, y eso les permite afrontar con más fuerza los retos que la propia vida nos pone cada día, incluso los más trágicos. Admiro tener esa conexión interior con alguien más grande que uno mismo y que te guía en tu sentido de vida.

En mi piel he podido experimentar que la vida tiene un sentido claro y directo, y también que no lo tiene. He pasado por ambos extremos, y en los dos he ganado algo.

El sentido de tu vida a veces te salva de la vida.

Es como que algo más grande de lo que puedes ver ahora te mueve cuando tú no puedes. Te genera fuerza, energía y sentido de dirección, manteniéndote aunque creas que no puedes, perseverando aunque no lo consigas, sosteniéndote aunque no sepas cómo. Ni quién. Y lo más bello es que cada persona tiene su propio sentido.

A nivel profundo tenemos ejemplos increíbles de personas que han perdido a un hijo por enfermedad y han convertido ese dolor en el sentido de su vida, y ahora ayudan a otras familias en investigación o apoyo emocional. O personas que han pasado por circunstancias extremas en su vida, como abusos o adicciones, y ahora ayudan a otras y a sus familias para que sufran menos y tengan una vida con mayor bienestar. Pero no todo tiene que ser tan profundo; nuestra vida diaria está llena de sentido sin darnos cuenta. En ejemplos más tangibles y prácticos, como estudiar para un examen de algo que no te gusta sabiendo que es parte de lo que quieres aprender, y la motivación por dedicarte a ello te hace sacar ganas de donde no hay para conseguirlo. O el entrenamiento diario en un deporte, aun cuando carezcas de ganas o motivación, el compromiso que tienes contigo y con el objetivo te salva de abandonar o de no entrenar. Por la motivación que sientes por llegar al objetivo, por conseguir tu sueño, por el significado que le has dado a tu meta. Estamos combinando metas, objetivos, propósitos y sueños, pero energéticamente todo nos lleva al mismo sitio: crear tu sentido.

Ayudar a otros. Aportar lo que sabes hacer. Mejorar el mundo. Que lo que has sufrido tú no le pase a nadie más. Cada persona en algún momento encuentra ese sentido que le ayuda a vivir la vida con todas sus dificultades con mayor levedad, porque tiene la mirada en algo más grande que uno mismo. Por eso el sentido de tu vida a veces te salva de la vida. De la dificultad, del sufrimiento, del dolor. Encuentras ese para qué que lo puede todo. Y ese para qué te transforma.

Es importante que ese sentido no sea de nadie, solo tuyo. Únicamente tú sabes para qué te mueve, adónde te lleva, qué despierta en ti. Ese para qué que tantas veces te salva de desmotivarte y caerte en el camino, que te hace sacar fuerzas cuando crees que no las tienes y te ayuda a encontrar recursos cuando creías que no tenías nada. No importa si aún no lo has descubierto; el sentido de tu vida está en cada cosa que haces, aunque aún no te hayas dado cuenta. Crea tu sentido, solo tuyo, para que te ayude a mirar al horizonte y caminar. Y si te caes, a levantarte con la convicción de seguir adelante. Y si lo pierdes, recuerda buscarlo dentro de ti, porque a veces se esconde entre los miedos y los debería, y no se deja ver.

Confía en tu sentido, todo está bien.

Libertad interior:
ese lugar dentro de ti en el que todo es posible,
en el que eliges cómo pensar,
cómo sentir, quién quieres ser.
Que no necesita validación externa,
solo reconocimiento de la propia experiencia,
de cómo eliges vivirlo.
Confiar en ti, en quién eres y lo que sientes.
La libertad de crear tu propio mundo interior
para sentirte casa.
No hay mayor libertad que esa.

SENTIR DEMASIADO ES SUFRIR DEMASIADO (SDSD)

No pretendo dictar sentencia con esta frase, pero sí ayudarte a comprender por qué —quizá— sientes que todo te duele más, tanto que a veces se hace insoportable.

Cuando se supone que algo «solo» te tiene que afectar un poco, quizá a ti te genera un dolor mayor que a la mayoría de las personas. Ahora es el momento para dejar de rechazar eso que sientes y empezar a comprenderlo, y entender que si sientes más intensamente que los demás, también es posible que sufras más.

Y esto es muy importante.

Aquí, justo aquí, si eres así, necesitas disponer de herramientas que te ayuden a reducir el sufrimiento y hacerte la vida más bonita. Confiar, por ejemplo, en que todo lo que pasa tiene un sentido y aprender a relativizarlo. Incluir estrategias de gestión cognitiva y emocional que te ayuden a afrontar de una manera más favorable para ti lo que sea que estés pasando. Y, sobre todo, autoconocimiento y aceptación: comprender cómo eres y cómo sientes, y aceptar que la vida siempre va a ofrecerte experiencias de amor y de dolor. Como recogía Ram Dass: «Ninguno está privado de dolor aquí y todos hemos sufrido a nuestra manera». Para ello, debes reducir el exceso de pensar, de «dar vueltas a lo que puede ser». Esto es aplicable a todo el mundo, pero si has descubierto que SDSD se da en ti, con más razón.

Y es necesario que te comprendas. Que comprendas por qué te duele más, por qué piensas tanto en lo que pasa, por qué eso que pasa te causa tanto sufrimiento.

Quizá seas una persona hipersensible, es decir, que tienes mucha sensibilidad, más de lo normal, y esto explicaría mucho por qué te afectan tanto las cosas. O quizá seas una persona PAS, una persona altamente sensible, y eso te predispone a que lo que pasa te afecta más, sea lo que sea. Si ya te está resonando leerme, tal vez haya mucho de este rasgo en ti.

Hay cuatro pilares que revelan, según la doctora Elaine Aaron, la presencia del rasgo en ti:

1. Reflexionar de manera profunda sobre la información recibida.
2. La tendencia de sobreestimularse o de saturarse.
3. Una fuerte emocionalidad ligada a una gran capacidad empática.
4. Una elevada sensibilidad sensorial especialmente en cuanto a «sutilezas».

Ahora puedes entender por qué todo te afecta tanto (fuerte emocionalidad) o le das tantas vueltas a lo que podrías haber hecho (reflexión profunda), y también comprender por qué cuando vives una experiencia dolorosa a veces ese dolor se hace realmente insoportable. Aquí es necesario que actives más herramientas de gestión emocional y cognitiva que otras personas, y sobre todo que cuides mucho de ti. Eres un alma sensible y necesitas más cuidado, más tiempo y más espacio para afrontar las experiencias difíciles. Eso no quiere decir que seas débil; todo lo contrario. El exceso de empatía y de apertura al mundo y a los demás hace que estés más expuesto a sufrir, y tu fortaleza es precisamente la valentía con la que afrontas tu vida, mirándola de frente, gestionando lo que sientes cada día a pesar de sentir más profundo y de que todo pese más. Valóralo cada vez que te veas sintiendo demasiado. Quizá eso no se puede cambiar, pero sí el respeto a ti mismo y a tus procesos mientras lo gestionas con amor, paciencia, tiempo y confianza.

Confía, todo está bien.

Se habla muy poco de la sensibilidad.
De cuando se siente más de lo que se puede contar,
y todo te afecta más de lo que a veces puedes soportar
—pero se aprende—.
De cuando necesitas retirarte de tu propia vida para coger aire.
De cuando vives sintiendo hasta lo que no sabes sentir.
La sensibilidad de ver más allá de lo que se ve.
De sentir lo que no se dice.
De vivir con la intensidad de multiplicar la realidad por mil,
el dolor por cien y el vacío por infinito.
La sensibilidad de sentirte en un mundo en el que nunca encajas,
porque todo duele.
Personas que van y vienen, y sin darse cuenta cada vez
que se van te dejan con el corazón a trozos.
Poco se habla de la sensibilidad,
también en su lado bello.

Cuando puedes sentir todo en su máximo exponente.
Disfrutar de lo más pequeño apreciando su belleza.
Cada momento. Cada mirada.
Percibir hasta el más pequeño detalle y conectarte
con el corazón de todo
lo que se cruza en tu camino.
Sí. Existen personas que viven la vida desde esta sensibilidad,
y cuando las conozcas conocerás a corazones con cuerpo,
a almas vestidas con piel.
Si eres así, abrázate fuerte.
Si las tienes cerca, cuídalas mucho.
Siempre tienes su corazón
en tus manos.

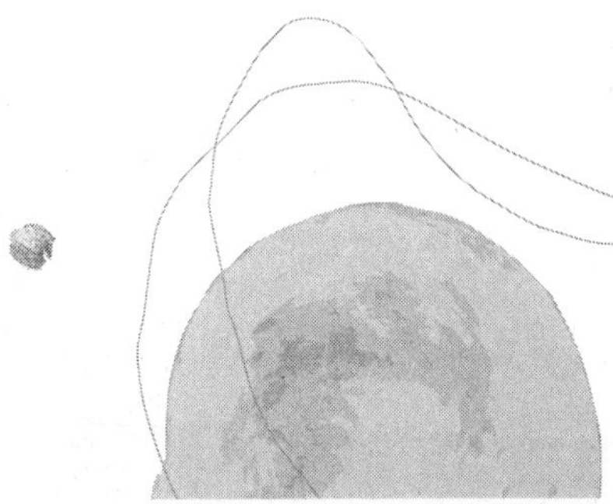

En la vida:

acción

+

aceptación

LA VIDA ES ACCIÓN + ACEPTACIÓN

Donde no puedas hacer más, acepta.

Acepta amorosamente, no con resignación y tristeza, sino con amor y confianza.

Hay una versión en contra del arte de confiar (porque es un arte) que justifica alejarse de esta palabra porque implica eludir la responsabilidad sobre tu vida y dejar en manos «del universo» los resultados. Probablemente tú hayas pensado así alguna vez, al igual que yo, y es perfecto. Es nuestra propia evolución, permitirnos pasar por todas las fases de la reflexión hasta llegar a nuestra propia creencia o conclusión, y eso nos hace crecer, en este caso, espiritualmente. La trampa del ego es que cree que puede controlarlo todo. Es decir, vivimos durante mucho tiempo creyendo que podemos controlarlo todo. Y se está muy bien ahí; vivimos planificando al detalle, haciendo y deshaciendo según nuestro interés. Pero hay un momento, una vivencia, un algo, que nos demuestra que eso no es así; algo inesperado ocurre y se nos cae la venda con la que vivíamos (in)conscientemente. Ese momento es muy doloroso, es como si fallara la película y descubrieras que estabas viviendo bajo efectos especiales.

Entonces descubres que hay en todo una dualidad, y que todo junto es la vida.

Hay una parte en la que puedes poner control, intención, acción, evaluación, nueva acción, y así sucesivamente. Esa nos encanta porque estamos siendo sujetos activos de nuestra propia vida, demostrando que lo que hacemos (acción) produce un resultado en nuestra vida (percepción del control). Y la otra parte de esa dualidad: hay un punto en el que ya no importa si haces más o dejas de hacer, porque el resultado no depende de ti. ¿Cómo puede tu mente egoica, planificadora y controladora asumir que hay una parte de tu vida que no depende de ti? Ahí está el reto:

Cuando haces lo que tienes que hacer, toca aceptar, soltar y confiar.

Tan fácil suena y tan difícil hacerlo y sobre todo, creerlo.

Implica sentir en ti la certeza de que has hecho «tu parte» y que el universo, la vida, Dios, el proceso natural de las cosas (lo que quieras creer) ahora tiene que hacer la suya. Implica poner en manos de la vida el resto del proceso y confiar en que se resuelve de la manera más favorable para ti, aunque en este momento no puedas entenderlo.

Mi vida está llena de ejemplos de mi propio entrenamiento en aceptar, soltar y confiar, pero te voy a contar dos. En 2003 hice las oposiciones para ser orientadora en educación secundaria. Lo entregué todo de mí; un año estudiando doce horas al día y un conocimiento al milímetro de todo el temario y la legislación. Aprobé y me quedé en listas de sustitución. Cuesta entender que después de darlo todo (control) no obtengas el resultado esperado.

Tuve tres meses de lo que yo llamaba bloqueo (pero en realidad era aceptación) hasta que tomé una nueva dirección: estudiar gestión de recursos humanos. Esta segunda oportunidad me ha permitido una expansión personal y profesional que, probablemente, mi puesto fijo como funcionaria del Estado no me hubiese dado. Especialmente porque somos especialistas en crear zonas de confort donde sentimos seguridad. Entiendo que aunque estaba sobradamente preparada y quería ese camino, la vida me llevó a explorar otros que me han permitido estar aquí. Me acuerdo de esta historia cuando formo, acompaño o me leen profesionales de la orientación, y entonces comprendo que yo tenía que estar «al otro lado». Muy mágico.

El otro ejemplo está vinculado con las relaciones. Las experiencias más dolorosas para mí, por mi forma de ser y mi sensibilidad a veces «sufridora», son las que tienen que ver con las relaciones, tanto de amistad como afectivas. Ahí quizá es donde más he entrenado de forma consciente y activa ese aceptar, soltar y confiar que te propongo a ti. A pesar de llevar conmigo misma y con la vida más de cuarenta años (de experiencia), me sigue costando mucho cuando alguien importante para mí desaparece de mi vida, o se aleja «sin sentido» (según mi mirada). Después de intentar comprenderlo y no conseguirlo, a veces queda aceptar, en este caso, la libertad de lo que el otro necesita porque es su camino de evolución y descubrimiento, soltar todo intento de mantener aquello que ya no quiere estar y confiar en que es lo que tiene que ser para el proceso de cada uno. Siempre pienso que si mi matrimonio no hubiese terminado, no hubiese hecho nada de lo que hice a nivel profesional después: dar conferencias por todo el país y escribir un libro. Simplemente porque el lugar que tomé en mi relación no me lo hubiese permitido. Y así, con todo lo que ha seguido y ha sido un camino diferente al esperado, pero con grandes regalos al final, a pesar del dolor.

Recordamos nuestra humanidad cuando nos sentimos vulnerables y los vínculos afectivos son el escenario perfecto para nuestro aprendizaje.

Otros ejemplos son cualquier día en cualquier tema en el que asumes tu responsabilidad, pero sabes que hay una parte en la que no puedes hacer nada, solo aceptar, soltar y confiar. Y esto nos hace ser responsables de nuestra vida, sí, de una parte: en la que podemos dar todo de nosotros mismos para hacer que las cosas pasen. Pero también aceptar con amor cómo vienen las cosas, esa parte que no depende de nosotros, comprendiendo, también con amor, que es así por y para algo.

Cuando decimos «que sea lo que tenga que ser», estamos entregando el poder del resultado a algo divino que nos guía y que sabemos que lo resolverá de la forma más favorable para nosotros. Aunque ese resultado no se parezca a lo que habías planeado. O en el momento sientas que no es bueno para ti. Quizá un día mires atrás y lo comprendas todo como parte de una película perfecta.

Donde no puedas hacer más, acepta. Y hazlo tal y como es, para elegir el presente como punto de partida a lo que puede ser.

Aceptar es rendirte a lo que llega con un abrazo, y abrazándote a ti mientras vives esa experiencia.

Confía en la vida, todo está bien.

Mirar la vida de frente a veces cuesta tiempo,
y necesita de ti algo que en ocasiones duele:
valentía, sinceridad y acción.
Valentía para destapar lo que no quieres ver, que vive escondido en alguna parte de ti sin hacer ruido.
Y un día, de pronto, decides que es el momento de ser valiente y hacer lo que tienes que hacer: mirar dentro de ti.
Sinceridad, porque las historias que te has contado
ya no te sirven. Ha llegado el momento de contarte la verdad.
Con honestidad y valentía.
Y acción. Todo lo que descubras en ti te hará mover ficha, cambiar algo, tomar una decisión.
Quedarte, alejarte, seguir, cortar, volar.
Así que ya nada será lo mismo,
y tu corazón lo sabe.
Si estás en este momento, respira profundo, llénate de amor
(y autoamor)
y regálate la oportunidad de ser tú.

Confía
Todo está bien

O estás en miedo,
o estás en amor.

CONFÍA EN LA VIDA

La vida nos hace bailar en los dos extremos que nos crea: el amor y el miedo. Y el regalo está en el equilibrio: confiar.

En el miedo somos pequeños. Nada es posible, caminamos por una vía sin salida. Todo es malo, agresivo y retador, y vivimos en un continuo estado de alerta que nos hace daño. Recoge Bruce Lipton que «la mayoría de las enfermedades son solo estrés por no vivir en armonía». Porque el cuerpo responde al miedo con más miedo, y desde ahí nada que no sea miedo puede ser creado. Sabes si ahora estás viviendo en el miedo si en ti nada es cierto ni estable, si puedes sentir el temor en tu piel o la falta de armonía en tu interior. Entonces no solo estás en miedo, es que además no estás confiando. Si es así, sabes que las cuerdas del ego en su sombra están tapando tu luz, guiándote por el sendero de la desconfianza y el miedo para que no brilles.

Porque sin esa máscara de miedo y desconfianza eres pura luz.

Confiar te lleva al amor. Y amar te lleva a confiar. Para salir del camino del miedo confía en ti, y en todo lo que eres y puedes. Confía en la vida, en su sabiduría y sus tiempos, y confía en la fuerza de quien te sostiene.

Confiar es amar, y amar te lleva a confiar.

Cuando vayas a hacer algo, párate a sentir algo más importante que la acción: la intención. ¿Desde dónde lo estoy haciendo? ¿Desde dónde estoy tomando esta decisión? ¿Desde dónde estoy sintiendo qué hacer? La decisión que estás tomando nace del miedo o para evitar algo, o del amor y para crear algo. Siéntelo. Piénsalo. Y entrega todo lo que eres a lo que estás creando.

Como recoge UCDM, todo lo que procede del amor es un milagro. La energía que mueve el amor todo lo puede, te da fuerzas cuando crees que no tenías y al igual que el miedo enferma, el amor sana. Y tu vida se mueve todo el tiempo entre el miedo y el amor. El miedo que te enferma y el amor que te sana.

Solo desde tu amor puedes confiar en la vida, entregarte a ella y conectarte con la magia que te rodea.

Vivir desde el amor te expande, vivir desde el miedo te contrae.

En el amor creas, en el miedo te bloqueas.

En el amor sumas, en el miedo restas.

Viviendo desde el amor creas amor, viviendo desde el miedo creas miedo.

Recuerda desde dónde decides cada vez que decidas. Recuerda desde dónde vives cada vez que sientas que estás viviendo.

Confía en tu amor, todo está bien.

Volver a empezar es una prueba de vida
en la que tus cartas son
cuánto confías en ti
y cuánto confías en la vida.

Y la vida te pide que juegues con ellas.

Y a veces
es todo a una.

Si pierdes el miedo a perder,
ganas.

SUEÑA PARA VIVIR

Decía Virginia Woolf, que «el que nos roba nuestros sueños nos roba nuestra vida».

Así lo he sentido en los momentos en los que no tenía sueños que guiaran mis pasos.

Soñar implica llenar tu vida de la energía del que tiene un «para qué», que te regala la fuerza que necesitas cada mañana para creer que eso que quieres es posible.

Una energía interminable que te lleva por diferentes caminos, como si unos hilos pudieran conducir tus pasos incluso cuando no sabes hacia dónde vas. Los sueños nos mueven, nos impulsan, nos transforman, nos llevan más allá de lo que nos hemos permitido imaginar nunca.

¿Cuál es tu sueño en este momento?

Cuando sueñas te aferras a la vida con más fuerza, aumentan tus ganas de vivir y se disuelve el dolor de las caídas como si nada importase. Por un sueño. Por tu sueño.

Porque tu sueño es solo tuyo, y todo lo puede. Nadie sabe hasta dónde llegarás, si se hará realidad o se quedará en destino, pero el camino hacia él te inspira a seguir intentándolo cada día. Y eso te llena de vida. Eso es la vida llenándose de ti.

En tu vida hay tiempos de soñar en grande, otros de hacerlo realidad y otros de crear nuevos sueños. Por eso a veces te sientes perdido, sin rumbo, sin sentido, sin energía. Y esos oasis de tiempo en medio de la era del conseguir, te sirven para reencontrarte contigo cuando solo eres tú, cuando no hay nada que hacer, nada que conseguir, nada que demostrar. Pero no infravalores la nada: justo ahí se fraguan los mejores sueños, cuando te regalas la conexión con tu alma y te muestra el camino.

Y entonces aparece un nuevo sueño, que inunda de fuerza cada uno de tus días para acercarte a él. Y qué regalo.

La vida es el camino que recorremos entre un sueño y otro, con los oasis de tiempo en blanco, los obstáculos en el camino y la energía que nos hace imparables cuando nos mueve sin descanso. Todo es parte, y todo está bien.

La confianza necesita fe.

Soñar para vivir y vivir para soñar. Y aceptar todas las etapas del camino como parte de la vida en sí misma. Sabiendo que cuando no tienes sueños te apagas, pero esa distancia no es oscuridad, sino descanso. Y en ese descanso amar la vida como es cuando no quieres nada, abrazando lo que eres cuando sientes que nada te mueve. Tendría que ser un estado para compartir con los demás, «estoy en descanso» cuando estás entre sueños, y «estoy en camino», cuando estoy persiguiendo un sueño. Y todo como parte del mismo camino, con la misma importancia el descanso que el camino.

Permítete inundarte de la energía de tus sueños, permítete inundarte de la calma del descanso de las paradas. Ámate en todas las fases.

Confía en tus sueños, todo está bien.

Yo también estoy
aprendiendo a vivir.

RECUERDA: ERES HUMANO

Ser humano implica ser imperfecto. Ser imperfecto significa que algunas partes de ti funcionarán adecuadamente, y otras no. Que te gustarán algunas de tus formas, reacciones, personalidad, habilidades y cualidades, y otras las sentirás defectuosas. Y lo mismo con la vida, y también al mirar a los demás.

En la medida en la que te permitas en ti esa humanidad imperfecta, también lo permitirás en los demás, y por supuesto, en tu relación con la vida. El nivel de exigencia que tengas contigo lo tendrás con el mundo.

Y eso duele, y te hace sufrir. A ti y a los que tengas cerca.

La vida es imperfecta. Injusta a más no poder, dura, muchas veces, dolorosa muchas más. Otras veces nos llena de magia y plenitud, de una alegría inconmensurable que nos recuerda la dicha de estar aquí. Una parte equilibra a la otra, por tanto, todo es perfecto.

Sabemos que amar la vida es amarla toda. Porque todo es equilibrio, lo bueno y lo menos bueno, la luz y la oscuridad, como ocurre en ti.

Recordarte tu humanidad es recordarte que no es necesario que sepas responder a todo en cualquier momento, ni saber cómo, ni saber todo, ni siquiera querer saber. Hay un exceso de exigencia también en cómo afrontamos la vida, en cómo «se supone» que tenemos que saber afrontar todo, incluso la muerte, cuando

—aunque parezca increíble— nadie nos ha enseñado. Ante eso está bien llorar, está bien sentir dolor, pero también está bien quedarte bloqueado o no llorar, porque no te sale. Está bien querer hablarlo y está bien no querer hablar con nadie. Porque los procesos de cada uno son tan únicos como personas hay en este mundo. Y porque el verdadero amor está en que cada uno aprenda a respetar qué necesita y dárselo, especialmente en momentos difíciles.

Cuando murió mi abuela, yo tenía dieciocho años. Ella fue la persona que más me amó desde que nací, mi alma gemela, mi cuidadora y ahora mi ángel protector. El día que murió no fui a velar su cuerpo, como se hace aquí. Fueron unas veinticuatro horas donde todas las personas conocidas pasaron a despedirse de su cuerpo. Yo no tenía la consciencia de la vida que tengo ahora, pero algo en mí me dijo que no debía estar allí. Me quedé en casa «con ella». Nadie, absolutamente nadie, lo comprendió, tampoco lo esperé. De hecho, comentaron mucho mi ausencia, porque todo el mundo sabía lo que yo era para mi abuela, y quizá mi madre a día de hoy siga sin comprenderlo. Pero fue, quizá, una de las primeras veces en las que de verdad quise ser fiel a mí misma. Era mi forma de vivir lo que estaba pasando. Mi forma de sentirlo. Alejándome del debería y sintiendo lo que necesitaba. Me sentí con ella a solas en mi casa, a escasos trescientos metros del cementerio, con mi homenaje particular. Creo que esto nunca lo he contado, pero he sentido que puede ayudarte a respetar tu forma de vivir lo que sientes, en esta imperfección perfecta que somos.

Permítete el error, que en realidad no existe. El error de intentar aprender a vivir todo lo que no conoces, y experimentar. Eres humano. Puedes equivocarte. Aunque ese «equivocarte» no existe, porque es un intento más para conseguirlo. Todo lo que intentas y pruebas es entrenamiento: la próxima vez lo harás mejor.

Decía Ram Dass: «Veo mi vida como un conjunto de oportunidades para despertar». Y es que la vida es un camino lleno de mensajes que nos lleva, pista a pista, al regalo más grande que es el descubrimiento de nosotros mismos.

No tienes que saber gestionar todo. Cuando sientas que no llegas, que no puedes, que no sabes, repite para ti estas palabras:

Soy humano; estoy aprendiendo a vivir.

Y sigue adelante. Con menos exigencia y más amor y compasión, a la vida, y a ti.

Abriéndote a la experiencia de vivir lo que la vida te trae, y aprender por el camino. Cuidando lo que eres y volviendo a ti cada vez que te pierdas.

Confía en ti, todo está bien.

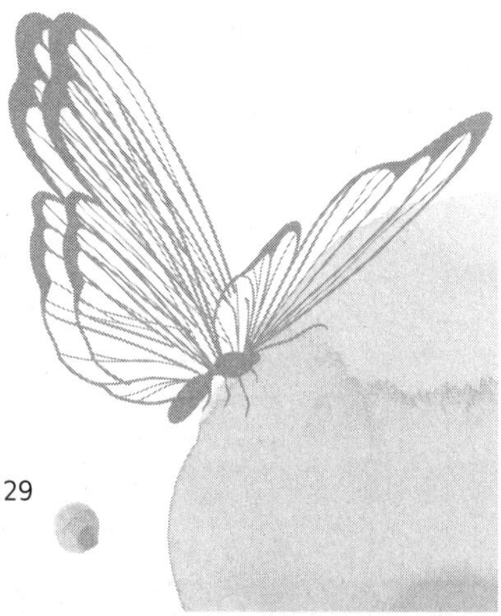

Cierra los ojos al mundo
y ábrelos a ti.

CONFÍA EN TU VOZ INTERIOR

Si sientes que no eres de aquí, es que a lo mejor no eres de aquí. No has venido a adaptarte a una sociedad enferma como decía Krishnamurti, sino a crear una nueva basada en la verdad del ser humano: el amor. Quizá no te adaptas porque no has venido a eso, ni encajas porque todo te queda pequeño, o grande. Vive tu diferencia, siente tu mensaje, tu camino, tu verdad. En lugar de sufrir por no encajar, crea desde tu forma de mirar. Es lo que yo hago con mis libros y mi profesión, quizá le sirva a uno, a dos o a cien mil, pero hay una cosa cierta: soy y me comparto desde cómo siento el mundo.

Vive tu «no encajar» como un regalo,
el regalo de poder hacerlo diferente.

Confía en tu voz interior, esa que te lleva por un camino nuevo, diferente y a veces retador, pero que te invita a dar un paso adelante y construir una realidad diferente. Si la escuchas, cambias el mundo desde tu mundo. Si todos nos abriésemos a escuchar esa voz interior, no necesitaríamos dirigir tanta energía en encajar donde no encajamos, haciéndonos sentir inadecuados e imperfectos todo el tiempo, y podríamos crear desde lo que sentimos que ayuda y de verdad suma en el mundo. Lo más bello de esta historia es que estás a tiempo, siempre estás a tiempo.

Desde que empecé como responsable de recursos humanos de una empresa, sentía cómo mi voz interior me llevaba por otro lado. No me gustaba lo que veía en el mundo empresarial, ni cómo se supone que se tenían que hacer las cosas. Después de varios años y de verlo en diferentes áreas y empresas, comencé a formar a equipos y directivos. Desde entonces, y de eso hace veinte años, comparto mi música: mi forma de ver la empresa y el desarrollo de las personas, donde estas últimas son el centro y su bienestar también. Solo trabajo con quien cree en lo que creo, y solo creo en quien cree en las personas. Fue mi elección y lo sigue siendo cada día.

Elegirte implica renuncias: decir no a proyectos importantes, pero que no resuenan contigo, a personas que quieren trabajar contigo, pero con quienes no compartes valores esenciales, y así en muchas cosas más.

Y a la vez es un camino lleno de escucha interior, amor y aceptación, con el regalo mágico que es vivir en autoamor y coherencia contigo. Mirar atrás se convierte en un ejercicio de gratitud. Como recogía Wayne Dyer: «He necesitado todo lo que me ha pasado para poder llegar hasta aquí». Porque la vida resulta un camino perfecto para ser maestra de tu luz y despertarte de lo cómodo, apagar tus miedos y llevarte donde tienes que estar; justo ahí. Por tanto reconoce, agradece y ama cada uno de tus pasos que te han traído hasta donde estás hoy.

Elegir escuchar tu voz interior es un ejercicio de confianza en ti y en tu verdad, que prioriza tu voz al ruido del mundo.

Cada vez son más quienes eligen dejar de encajar con una música con la que no resuenan, para crear su propia canción. Lo puedes ver a tu alrededor, personas que han dejado sus trabajos de aparente éxito ante la mirada atónita de quien los creía en la cima, para crear algo que, quizá lejos de lo que venían haciendo, resuena de verdad con su corazón. Nada me gusta más que las personas que sienten coherencia entre lo que piensan, sienten y hacen, y cada día el mundo se llena más de eso. Gracias a quienes ya estáis viviendo así y los que estáis en camino. Y si tú te sientes feliz donde estás, gracias a ti también, porque es esa vibración la que necesita el mundo: personas que amen lo que hacen y quiénes son.

Y si aún no estás en ese momento de sentirte valiente, es perfecto así. Recuerda que todos estamos en nuestro propio camino y que los tiempos son perfectos, y eres valiente en construirte cada día, levantarte, sobreponerte, compartirte, y solo el día en que dejes de resonar con lo que haces, necesitarás un cambio. Mientras tanto, si tú estás bien, todo está bien.

Confía en eso que sientes, que siempre te guía y te recuerda el camino.

Confía en tu intuición, todo está bien.

Déjate en paz.
No interfieras en ti,
todo está bien,
en su correcto orden,
en su orden natural
y tú también.
Confía en el proceso.
Respeta tus tiempos.
Deja fluir,
no interfieras
en lo que está listo para ser.
Deja que se exprese
tu naturaleza en el proceso.
Confía en tu cuerpo,
en tus células si hay enfermedad,
en cada parte de tu ser para ser verdad.
Déjate en paz,
y comienza
a vivir.

AYÚDATE A ELEVAR TU VIBRACIÓN

Permítete disfrutar.

Conéctate con la alegría.

Date espacio para conectar contigo.

Háblate bonito, piensa bello, sonríe sin motivos.

Elige rodearte y compartir tu vida con personas inspiradoras que te llenen de energía bonita.

Cuida tu entorno, tu hogar, tus relaciones, tus pensamientos y tu mundo.

Regálate el permiso de expandirte a través de lo que piensas, sientes y haces.

El permiso de elegir vivir este momento en la más alta vibración posible para ti, y desde ahí, compartirla con el mundo.

Lo que sientes genera una vibración en ti. Lo estudió el doctor David Hawkins y creó la escala de la conciencia. Descubrió, entre otras cosas, que la conciencia, y por tanto cada emoción, tiene una vibración. Las emociones como la tristeza, la culpa o la humillación vibran a frecuencias bajas, mientras que el amor, la felicidad y la iluminación vibran a frecuencias más altas. Creó la gráfica de la escala de la conciencia del doctor Hawkins:

ESCALA DE LA VIBRACIÓN

La frecuencia de las emociones
Dr. David Hawkins

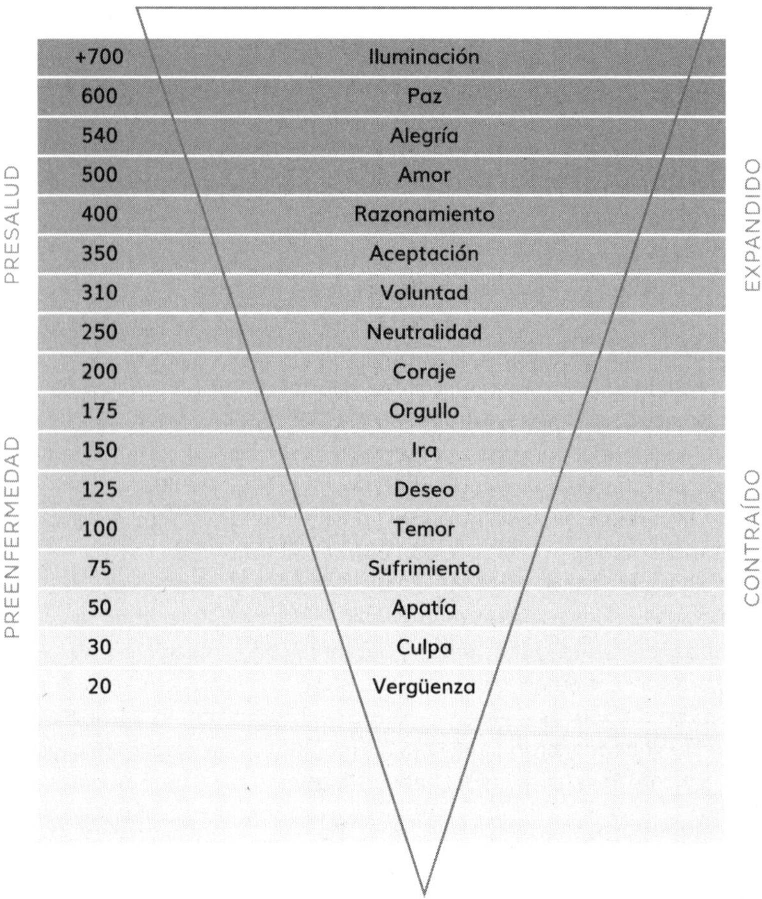

Tu objetivo: vibrar en Amor, en Alegría, en Paz y acercarte a la iluminación.

Todo lo que hagas en tu vida que te acerque a estos estados, te estará ayudando a vibrar en armonía contigo, a llenar tu cuerpo físico de salud, a generar vibración positiva en ti y, por supuesto, a contagiar mucho de eso al mundo. Hawkins descubrió que tu frecuencia energética puede afectar a las frecuencias energéticas de los que te rodean. En otras palabras, tu energía no solo te afecta a ti y a tu vida, sino que afecta a los que te rodean también. Como te contaba en mi libro *Autoamor*, todo lo que te regales a ti, lo regalas también al mundo; todo lo que hagas para mejorarte a ti, lo haces también para el mundo.

En su estudio descubrió que el 85 % de las personas que nos rodean viven por debajo del nivel de «Coraje o Valor». No sé si te sorprende este hallazgo, pero esto nos ayuda a comprender lo que está pasando en el mundo, cómo nos comportamos y desde dónde nos relacionamos: baja vibración. De hecho, en el momento que escribo este libro estamos inmersos en una guerra incomprensible e injustificable en Europa en pleno siglo XXI. La vibración deseada, hacia la que todos tendríamos que caminar, es la del amor, y de ahí evolucionar hacia arriba (alegría, paz, iluminación). Comparto contigo algunas claves para ayudarte en el camino:

- Reconoce lo que estás sintiendo, en qué nivel de vibración te encuentras.
- Identifica qué te hace vibrar/sentir así, y en la medida que puedas, cámbialo o modifica la forma en la que te afecta.

- Pregúntate si estás vibrando en amor en este momento, en alegría o en paz. Si no es así, que sea tu lugar de destino.
- Busca tu equilibrio: haz cosas para ir moviendo y cambiando esa vibración. Algunas opciones son respirar, meditar, poner música que te conecte con la vibración de la alegría, abrazar o sentir el apoyo y el amor de alguien, leer un libro que te eleve la energía del amor y la confianza, ver un documental que te inspire y conversar con alguien que te ayude a aumentar tu energía. Hay tantas opciones como personas en el mundo; elige lo que te sirve a ti.
- Toma conciencia de cómo piensas y elige cambiar la energía de tus pensamientos para que armonicen con lo que quieres atraer y sentir. Tu interior crea tu exterior.
- Reconócete en alegría, en amor, en paz, y desde ahí elige compartir esa vibración con tu mundo. Es el regalo más bonito que puedes hacer. ¿Te imaginas cómo sería el mundo si todos compartiéramos desde ahí? Pues 1+1 tiende a infinito. Creer es crear.
- Agradece. Sonríe. Disfruta. Haz espacio a tu niña interior que es la alegría en ti. Comparte. Vive.

Confía en tu alegría, todo está bien.

Me permito disfrutar.
Me permito la alegría.
Me permito la Vida en mí.

En tu mayor dolor
está tu maestría.

TU DOLOR ES TU MAESTRO

En tu mayor dolor está tu maestría.

Como si fuera el regalo de tu vida, el camino que más te ha costado atravesar es el que te regalará el más bello amanecer.

Esa asignatura pendiente de tu vida, que se repite una y otra vez porque es tu mayor reto, mírala como tu mayor maestro en lugar de como un castigo. Todo cambia cuando miramos la vida como una oportunidad para aprender.

Todo cambia cuando eres capaz de comprender que lo que más difícil sientes que te pone la vida es, quizá, lo que has venido a aprender y a compartir con el mundo.

Cuando escribí *Autoamor*, me di cuenta de que amarme a mí misma había sido la asignatura pendiente en mi vida, saber darme valor y cuidar mi corazón. Y que enseñar, compartir, mostrar los caminos para ese amor verdadero e incondicional por ti mismo era precisamente lo que había venido a hacer. «En tu mayor dolor está tu maestría», me dijeron, y entonces lo comprendí todo.

Y ahora te lo digo yo: en tu mayor dolor está tu maestría. En eso que te cuesta tanto afrontar, resolver, vivir con ello. Justo ahí es donde más puedes aportar, porque quizá es el reto que la vida te ha regalado para tu evolución. Si crees en otras vidas, dicen que es como nuestro Quiron: la herida que hemos venido a sanar en esta vida, para seguir nuestra evolución en las próximas.

Mira de frente eso que tanto te duele. No importa lo que sea: una muerte, un abuso, una carencia, un sentimiento, un abandono, la falta de amor.

Quizá lo has mirado mucho tiempo con ojos de víctima porque no has sabido mirarlo de forma diferente. Está bien y es perfecto, porque tienes derecho a quejarte, a llorarlo, a gritarlo, a bloquearlo, y a todo lo que hayas necesitado hacer con ello. Y ahora tienes la oportunidad de mirarlo con otros ojos. Con la mirada del maestro que sigue aprendiendo del dolor y alquimiza la energía para convertirla en amor.

¿Qué puedes hacer con eso que sientes?

¿Para qué sientes que has tenido que vivirlo?

¿Cómo sientes que puedes ayudar al mundo desde lo que has vivido?

No son preguntas obligatorias, de hecho quizá ahora mismo no estás preparado para contestarlas. Confía en tu propio proceso para llegar a tus propias respuestas en tu momento perfecto. Porque el momento perfecto existe, y tú mismo necesitarás volver atrás para mirar con otros ojos tu historia. Y darle un sentido que te ayude a comprender para qué la vida te puso ese maestro.

El dolor lleva a la comprensión, y la comprensión, a la transformación. Te acerca a ti como pocas cosas en el mundo lo hacen, para acogerte y transformar cada célula de lo que crees que eres en la más pura verdad. Déjate abrazar por los ojos de un maestro que llega a transformarte desde dentro, amando lo que ha venido a contarte.

Confía, todo está bien.

Tropezarás.
Caerás, fracasarás y te lastimarás.
Tendrás ganas de renunciar algunos días.
El camino no siempre parecerá claro,
y no siempre querrás continuar.
Pero recuerda, amigo:
Dudar de tu camino es parte del camino.
Olvidar tu camino es parte del camino.
Sentirse perdido, sin dirección, sin esperanza,
avergonzado y solo es parte del camino.
Trata de descansar y buscar respuestas hoy.
La búsqueda misma te aleja de lo que se busca.
Estar desnudo sin respuestas a la primera luz de
la mañana.
En tu prisa por estar Allí, te olvidaste de estar
Aquí.
Arrodíllate ante el fracaso,
y no podrás fallar.

Jeff Foster

MANTRAS PARA CREER EN TI

- Creo en mí y en mi capacidad para afrontar de forma positiva todo lo que estoy viviendo.
- Me abro a todo lo que la vida tiene para mí porque confío en mí.
- Confío en mis recursos personales y los pongo a disposición de esta situación.
- Confío en mi capacidad para sostenerme en todo momento.
- Estoy en el momento perfecto y el lugar adecuado siendo guiada.
- Creo en mi fortaleza y en mi capacidad para levantarme de las caídas y afrontar los cambios.
- Confío en mi capacidad para soltar mis versiones pasadas y actualizarme con cada experiencia.
- Soy merecedora de todo lo bueno que la vida tiene para mí y me abro a ello.
- Miro atrás y recuerdo todas las veces que he superado dificultades en mi vida. Confío en mí y me crezco ante la adversidad.
- Me miro desde mis fortalezas y creo profundamente en mi capacidad para renacer en mi vida una y otra vez.
- Confío en mí. Me amo. Me apruebo y me respeto.
- Respeto mi voz interior, lo que mi alma me muestra a través de mis experiencias, y me dejo guiar por ella.
- Creo en lo que he venido a hacer y me entrego a ello.

RECUERDA

Ten paciencia contigo, estás evolucionando.

A veces en lo oscuro,
en lo complicado,
se toca la verdad.

Anatole France

Cuando todo se derrumba

Confía en la vida tal y como es

Confía

Sé que crees conocerte,
pero créeme si te digo
que no conoces cómo eres tú
cuando sacas tu fuerza para vivirlo todo.

No sabes cómo eres tú
cuando no sabes la respuesta
y aun así
sigues jugando.

No sabes cómo eres tú
cuando no ves posibilidades
y aun así
lo sigues intentando.

No sabes cómo eres tú
cuando solo ves oscuridad
y aun así
sigues brillando.

EL TIEMPO ENTRE LOS TIEMPOS

Suena *Wind Song* de Ludovico

Hay tiempos en los que no estás para nada, no quieres nada y también sientes que no tienes nada. La nada se apodera de tu tiempo sintiendo que tu tiempo es para nada.

La nada. Algo que es nada y se apodera de ti, de tu vida y de tu fuerza, pidiendo tiempo de descanso en medio del todo. Y hay que dárselo.

Días en los que lo máximo que puedes hacer por ti es acompañarte en cuerpo, porque en alma no estás. Levantarte es un reto y cuentas las horas para volverte a acostar.

Mirar a la nada para encontrarte contigo, huir de lo que era normal porque ya no quieres nada de eso.

¿Volveré a ser igual? ¿Volverá a ser igual?

La respuesta siempre es hacia delante. Nada volverá a ser igual ni tú tampoco.

Hay un tiempo entre los tiempos que te cambia todo. Te pide espacio para sanar lo que necesita ser sanado, para escuchar lo que necesita ser escuchado y para ver lo que necesita ser visto. Taparlo ya no funciona; ahora hay que sentir.

Días en los que nada tiene sentido, te cuestionas la existencia y si de verdad podrás con esto. Días de dejar que te apoyen, te abracen y te acompañen en esa nada particular. Días de aprender que de la mano todo es más fácil. Que aparentar no ayuda y que contar lo que sientes te puede salvar. Y si hace falta, grita.

Pero no lo hagas sola. Porque nunca lo estás.

Hay días de vivir, días de disfrutar,
y días de sobrevivir
Y todos son parte del juego.

Hay un tiempo entre los tiempos en el que tu prioridad es escucharte, respetar tu sentir y sanarte. Ayudarte a procesar con tu mente lo que estás pasando, y a abrazarlo con tu corazón. Honrar tu cuerpo, que te sostiene en medio de la tormenta, y conectarte con la verdad de tu alma para comprenderlo todo. Permítete cerrar los ojos y respirar profundo, regálate ese «todo está bien» que tantas veces te salva, y sigue.

Te prometo que solo es un tiempo entre los tiempos, y que luego sigue el tiempo, pero diferente. Con más aire y más luz, más sonrisas y más sueños. Donde no alcanzarás a entenderlo todo, pero aprenderás a vivir con ello. Donde al sentir el sol en tu cara o el abrazo de alguien recordarás por qué tienes que estar aquí, te volverás a enamorar de la belleza de la vida y sonreirás al sentir que estás de vuelta. Recuérdalo cada vez que lo olvides.

Confía en tu tiempo entre los tiempos, todo está bien.

Confía

Enamórate de la vida.
Observa despacio un atardecer.
y la vida haciendo magia a través
de la belleza que te rodea.
Mira una flor.
Observa el dibujo perfecto de cada uno de sus pétalos
y cómo embellece el mundo sin querer.
Cierra los ojos y escucha la vida hablando.
El canto de los pájaros.
El viento.
El mar.
La vida pasar.
Mira a los ojos a un niño.
Abraza a alguien que lo necesite.
Sonríe por la calle.
Mira a los ojos a quien sufre
y mándale amor.
Conecta con la humanidad para encontrarte.
La vida se manifiesta en todo lo que ves,
en todo lo que eres
en todo lo que puedes sentir.

La belleza nos salva

SANAR CON LA BELLEZA

El verano de 2021 fue bastante duro para mí emocionalmente. Un problema familiar me tocó en lo más profundo de mí, hasta hacer tambalear el sentido de mi vida. Durante semanas me alejé del mundo, de las relaciones y de mí, por tanto, de la vida. Me desconecté del sentido de la vida, olvidé las razones por las que estaba aquí y me quedé en un *standby* observando cómo la vida pasaba y yo me echaba a un lado. Ya no quería nada, porque sentía que nada calmaba ese vacío que sentía en ese momento.

Un día me pregunté: «Laura, ¿qué necesitas?». Y me contesté: «Respirar». Cuando me preguntaban mis personas cercanas qué sentía que necesitaba, contestaba «respirar».

Así que reservé unos días para mí en Cádiz, viajando por sus costas y descubriendo lugares que no conocía. Más que una aventura era un lugar de seguridad para mí, porque la energía que hay allí siempre me ha sanado más que cualquier medicina. Y a eso fui. A una escapada de urgencia para sanar el alma sintiendo la belleza de un lugar. Y de eso quiero hablarte.

Tengo mucha consciencia de mí misma, intento ser muy consciente de mis procesos y de qué está ocurriendo en mí (y no es fácil vivir con tanta claridad emocional). Sé cómo llegué a esos días de reencuentro y lo que pasó en mí. Me pasó que a medida que pasaban las horas me enamoré de la belleza. Vivo mirando y admirando la belleza que nos rodea, de forma natural, y en ese momento sentí como si esa belleza que admiraba me emocionara y sanara mi alma, llenando gota a gota la botella de vacío que iba conmigo. Sonreía, me emocionaba, cerraba los ojos, los abría. Miraba a la derecha, miraba a la izquierda, sentía y volvía a sonreír. Así cada rato que iba tomando conciencia de dónde estaba y qué había alrededor. ¿Qué me estaba pasando?

Descubrí que una forma para volver a enamorarme de la vida fue enamorarme de la belleza que me rodea. Por tanto, cuando me faltara ese enamoramiento de la vida, me conectaría con la belleza. Estudios sobre la actividad cerebral han demostrado que la belleza queda reflejada en uno de los centros del placer del cerebro, situado en la corteza orbitofrontal, y que de alguna manera produce adicción: somos buscadores de belleza a nuestro alrededor por el placer intenso que nos genera.

Cuando hice esta reflexión, me di cuenta de cuántas veces en mi vida había ocurrido lo mismo y no había puesto consciencia. Ese mismo año viajé a Milán, Florencia y Venecia a rodearme de belleza. Pasé cinco días admirando la belleza de cada esquina, arte, atardeceres y momentos. Sentí en Milán la belleza profunda en un concierto de Ludovico Einaudi. Caminé por mis rincones especiales de Florencia, y me quedaba horas sentada delante de la catedral, admirando cada detalle a pesar de estar a 5 grados; nada importaba.

Sentía que el viaje me había sanado, pero ahora sé que me sanó la belleza.

Admirar todo lo bello que nos rodea es otra forma de amar la vida y, por tanto, de amarte a ti.

Confía en lo que te salva, todo está bien.

Enamórate de lo que estás viendo.
De la risa, de la alegría, del amor.
De las lágrimas, de la tristeza, del perdón.
Enamórate de la sabiduría del árbol
que vive los cambios sin inmutarse por dentro,
fuertemente arraigado a lo que sabe que es.
Sin importar lo que pase fuera.
Amando la vida como es.
Aunque pierda las hojas.
Aunque nadie lo pueda ver.
Enamórate de la vida y confía en lo que es.
Todo esta bien.

Y cuando no veas nada más allá
de este momento,
justo ahí
abrázate fuerte,
cierra los ojos
y encuentra el lugar dentro de ti
en el que todo es paz,
en el que todo es posible,
en el que todo está bien.
Porque el mundo exterior se derrumba
para recordarte
que la vida es un continuo
volver
a
empezar,
y cada vez diferente,
porque tú también eres diferente.

Quizá en este momento lo que la vida te pide
es que respires
y que te dejes llevar.
Quizá por primera vez.
Quizá por última vez.

Confía en el proceso.
Confía en el tiempo.
Confía en ti.

LA LUZ NUNCA SE ALEJA DE LA LUZ

Un día, en medio de mi oscuridad, mi amiga Naiara, que conozco desde el colegio, me escribió este mensaje: «Confía, la luz nunca se aleja de la luz. Y tú eres luz».

En medio de ese revuelo emocional que vivía en esos días, sus palabras me emocionaron mucho. Por dos cosas: primero, porque habían llegado a mí de forma mágica y sin razón, ella no sabía cómo me sentía en ese momento; y segundo, sabía que eso era así, pero que te lo recuerden en los momentos difíciles te da más fuerza todavía.

La luz nunca se aleja de la luz.

Y ahora yo te lo digo a ti:

La luz eres tú cuando te amas.
La oscuridad eres tú cuando olvidas amarte.

Y son esa oscuridad y esas sombras las que de verdad crean tu luz. Por eso tú eres todo. Lo que te gusta y lo que no, lo que amas de ti y lo que no.

Solo cuando abraces todo lo que eres te sentirás pleno, y siempre que rechaces tu parte «oscura» o lo que no te gusta te sentirás vacío. Por mucho que lo intentes llenar con otras personas, planes o ilusiones. La vida te pide que lo ames todo de ti.

Por eso cuando sientas tu oscuridad, enfócate en tu luz, pero sin rechazar la oscuridad, el miedo y el dolor. Todo lo que vives es un proceso que te lleva a alguna parte, que te invita a navegar en tus profundidades y descubrir más de ti.

Vivir la oscuridad sintiendo que todo pasa, y esto también.

Que todo enseña, y esto también.

Que no todo lo que vives tiene sentido para ti en este momento, pero que con el tiempo tendrá una función. Y mirarás atrás y entonces podrás comprender que hasta lo más doloroso pudo enseñarte cómo amar la vida, cómo vivir intensamente o a agradecer cada día estar aquí.

La luz nunca se aleja de la luz.

Y tú eres luz:

nunca te alejas de ti.

Dijo Virginia Woolf que «las profundidades del mar son solo agua después de todo». Y la vida nos lleva a una oscuridad profunda a veces que no nos deja ver, pero es solo vida, es todavía vida, y como tal tenemos que amarla.

Confiar en la vida es saber que tenemos las herramientas y recursos en nuestro interior para lo que la vida nos depare. Para la luz y para la oscuridad. Y saber que pase lo que pase, estemos en luz o en oscuridad, siempre somos luz.

Lo más oscuro
es solo Vida.

Confía en tu luz, todo está bien.

A veces solo hay que cerrar los ojos
y mirar al sol.
Dejar que su luz te ilumine el rostro
y te recuerde
que estás viva.
Y aún nada ha terminado,
por tanto,
todo es posible.

Confía.

EL PODER DE LA ESPERANZA

La esperanza es lo que te permite estar aquí viviendo la más difícil de las circunstancias, porque tienes la mirada puesta en un futuro inmediato más favorable. Tiene un poder inexplicable para elevar tu vibración y tu energía, darte fuerzas que no sabes de dónde vienen, e impulsarte a construir el camino piedra a piedra porque sabes que hay algo que está por llegar.

¿Y cuando no está? El camino se derrumba, así como el sueño de lo que está por venir. Al desaparecer la esperanza, desaparece el sentido, la fuerza y la luz, por eso es tan importante alimentarla, como alimentamos el cuerpo y la mente, así también con la esperanza. Cuando decimos «la esperanza es lo último que se pierde», en realidad queremos decir que si perdemos la esperanza lo perdemos todo, y a nosotros también.

Dijo Thích Nhất Hạnh que «la esperanza es importante porque puede hacer el momento presente menos difícil de soportar. Si pensamos que mañana será mejor, podemos soportar las dificultades de hoy».

Que no puedas ver la luz que hay detrás de la oscuridad no significa que no exista.

En psicología positiva, la esperanza son las ideas y creencias que nos ayudan a encontrar caminos para alcanzar nuestras metas y nos dan confianza en que tenemos la capacidad para lograrlas.

Según Martin Seligman (2004) «la esperanza es una fortaleza dentro de la virtud de la trascendencia. Va más allá de la propia persona y nos ayuda a conectarnos con algo más elevado, más amplio y permanente que nosotros mismos, con otras personas, con el futuro, con lo divino o con el universo».

Tener la fortaleza de la esperanza es tener la expectativa de que algo bueno va a pasar en el futuro y nos lleva a planificar una vida dirigida por los objetivos que queremos alcanzar, y a esperar lo mejor de nosotros mismos y de otros.

Se convierten en la brújula interior para seguir el camino y en el camino, a pesar de las dificultades. ¿Cómo eres tú cuando pierdes la esperanza? ¿Te ha pasado alguna vez? Normalmente perder la esperanza es el preludio de las noches oscuras, de una pérdida o muerte (de relaciones, ciclos o personas en tu vida) y te avisa de que una gran transformación está al llegar. Sin esperanza miras adelante y no ves nada, no hay horizonte, no hay camino, por tanto no hay nada que andar. Vivir así un tiempo es posible, pero vivir sin esperanza mata. En ese momento tienes algo que hacer: abrirte a creer que algo, por muy pequeño que sea, está por llegar, por cambiar, por iluminar tu camino para que puedas seguir adelante.

Abrirte al poder de la esperanza es permitirte creer en que algo más bello y mejor está por llegar. Cuando lo haces, tu mundo se llena de posibilidades y de fuerza. La escritora Elizabeth Gilbert dijo una vez que «la incapacidad de abrirse a la esperanza es lo que bloquea la confianza, y la confianza bloqueada es la razón de los sueños arruinados». Porque cerrarte a la esperanza es no permitir que suceda la magia de lo que está por venir, no confiar en el destino de las cosas, en la vida, o en las propias posibilidades de superar lo que está pasando.

«Encuentro esperanza en los días más oscuros,
y me enfoco en los más brillantes.
No juzgo al universo».

Dalái lama

No juzgues, solo ama.

Pon tu mirada en el horizonte en el que todo está por venir, por cambiar y por vivir, llénate de la energía del que espera un milagro con la certeza de que ocurrirá, y desde ahí todo es posible.

Que la esperanza siempre te acompañe.

Confía en la esperanza. Todo está bien.

Abre bien los ojos.
Levanta la cabeza
y mira adelante,
al frente,
allí a lo lejos,
¿lo ves?
Es todo lo que está por venir.
Tus ojos no alcanzan a verlo todo
porque el infinito no se puede contar.
Pero está lleno de vida, de amor, de sueños por alcanzar,
de personas, de cambios, de cosas por crear.
No importa que ahora no puedas verlo;
la vida te invita a confiar.
Cierra los ojos e imagina
todo lo que está por llegar.
Tu vida está llena de finales
para volver a empezar.
Respira profundo.
Siente la inmensidad.
La esperanza asoma
cuando aprendes a mirar.

RELATIVIZAR TE AYUDA A GESTIONAR

La realidad es neutra. No es buena ni mala, rápida o lenta, adecuada o inadecuada. Eres tú y tu juicio sobre la realidad lo que le da un nombre. Algo tan extremo y doloroso como la muerte, en algunas culturas como la hindú no es sino un paso más a otra vida, sin mayor transcendencia, y en otras como la occidental es algo tabú sobre lo cual aún no estamos preparados para incorporar a las conversaciones de sobremesa. En medio hay un juicio que otorga a un acontecimiento un color, un tono y un valor. Esto hace que un mundo de emociones te inunde cada vez que emitas un juicio determinado sobre algo, haciendo de una realidad en principio neutra un mundo, a veces paraíso y a veces infierno.

Así vivimos todo.

Relativizar lo que estás viviendo te ayuda a tener más herramientas para gestionarlo. Es un paso muy mental, a veces corporal, que acompaña a la vivencia: dar un paso atrás o a un lado, también físicamente, te ayuda a un cambio de perspectiva que te «saca» literalmente de la tormenta emocional en la que a veces vives en medio de algunas situaciones.

Cuando investigaron las habilidades de las personas con mayor resiliencia en la vida (capacidad de afrontar la adversidad y salir fortalecido de ella), además del diálogo interior positivo y de las personas de apoyo, descubrieron que poseían la capacidad para relativizar la situación. Si algo no sale como esperabas y de eso haces un mundo, «un mundo» es demasiado grande para gestionarlo; difícilmente vas a disponer de recursos para afrontar lo que esté pasando, por pequeño que sea. Y digo pequeño porque hay personas que si esperaban que el tren pasara a las tres y pasa a las tres y veinte hacen un mundo de eso (como dice la vecina rubia, todas tenemos una amiga que es así, y si no la tienes es que eres tú; permíteme un poco de broma para relativizar la información). Una forma más adaptativa para gestionar una situación no esperada es aplicar la clave de relativizar con tres preguntas:

1. ¿Las consecuencias son gestionables?
2. ¿Puedo afrontar la nueva realidad?
3. ¿Se acaba el mundo?

Esto te hace darte cuenta de que tu mente siempre te juega malas pasadas, y haciendo las preguntas correctas también llegan las respuestas adecuadas para vivir la experiencia desde otro lugar.

Con todo lo que hemos vivido en los últimos meses, muchos nos sentimos devastados ante tantas vivencias emocionales aparentemente sin descanso. Una pandemia mundial que no parece terminar, inundaciones, nevadas, ciclones, guerras, solo tenemos que poner la televisión para decidir apagarla por nuestro bienestar. Todo esto que estamos viviendo y que nos parece una eternidad es un microsegundo en el tiempo del universo. Cuando queramos relativizar, solo tenemos que mirar las estrellas. Ahí te das cuenta de que eres micro frente al infinito, y es inevitable tomar una perspectiva diferente frente a lo que estás viviendo. Decía Virginia Woolf que cuando se consideran cosas como las estrellas, nuestros asuntos no parecen importar mucho, ¿verdad?; y cuánta verdad.

También puedes mirar al lado y ver a todas las personas que tienes cerca y no tan cerca que están lidiando duras batallas con la vida, enfermedades graves o incluso en el camino a morir. Todo lo que te ayude a relativizar te permite mantener la suficiente distancia con lo que estás sintiendo para que puedas utilizar los recursos de que dispones a tu favor, sin que ello signifique invalidar lo que sientes; puedes dar valor a lo que sientes y actuar para hacerlo más gestionable.

Confía, todo está bien.

Deja que todo suceda:
la belleza y el terror.
Sigue adelante.
Ningún sentimiento es eterno.

Rilke

RECUERDA

Estás siendo sostenida.

Suelto y confío

LA VIDA TE SOSTIENE

¿Te imaginas cómo cambiaría eso que sientes si supieras que pase lo que pase en tu vida siempre estás siendo sostenida/o?

Pues deja que te lo confirme:

Siempre estás siendo sostenida/o.

No importa lo que pase en tu vida, lo sola que te veas si en este momento miras a tu alrededor, o la tristeza que puedas sentir.

Si cierras los ojos y respiras profundo, puedes encontrar dentro de ti la fortaleza que necesitas, la paz que anhelas, la armonía que eres en esencia, y sentir que formas parte de algo más grande que siempre te resguarda, que siempre te refugia, que te abraza cuando más lo necesitas.

A veces el ruido del mundo nos deja sin energía, sin fuerza, y necesitamos cerrar los ojos para encontrarnos con nuestro verdadero ser.

Lo que fuera es peso dentro es aire.

Lo que fuera es ruido dentro es silencio.

Lo que fuera es guerra dentro es paz.

Lo que fuera es soledad dentro es conexión universal.

Y nunca estás solo, porque siempre estás conectado a los demás. Hay una frase preciosa en el libro tibetano de la vida y la muerte, que dice: «Cada ola está conectada a las demás. No existe por sí misma».

Lejos de ser preocupante, es liberador; saberte conectada a los demás como parte de un todo perfecto que siempre te sostiene. Llámese vida, universo, conciencia universal, divinidad o Dios. Como tú lo sientas, lo que a ti te resuene. Pero en el fondo, sentirte ola dentro de ese mar infinito en conexión con el todo.

Cuando estás conectada a tu verdad, a tu corazón, puedes sentir que todo tiene un orden y estás siendo siempre guiada y sostenida. Tienes el poder de mantenerte en ese lugar de paz que eres tú aun cuando fuera todo se derrumba. En apariencia todo se cae, cambia o se va, pero en el fondo de ti tienes la certeza de que es la vida en evolución y cambio, como es su naturaleza, y como lo estás tú y cuanto te rodea.

La vida te invita a vivir lo que está pasando con mente de principiante.

Intenta dejar a un lado tus creencias y juicios y vivir esto tal y como es, sin asociaciones emocionales previas. Imagina cómo lo viviría un niño. Probablemente con los ojos muy abiertos, intentando comprender, descubrir, sentir, pero seguro que abriéndose a lo que pasa, respondiendo a lo que la vida le pide y jugando con lo que está siendo. Explora la vida, juega con las variables que tienes, ábrete a las posibilidades.

Vive desde la certeza de estar siendo acompañado, guiado y sostenido.

La vida desde esa mirada es diferente.

Confía en lo que te sostiene, todo esta bien.

Confío en el tiempo.
Confío en los procesos
de la vida.
Confío en mí.

BAILANDO LAS TORMENTAS

Hay tiempos de dudas e inexistencia. Vacíos en los que no sabes nadar, que te ahogas en la incertidumbre del no sé, y donde lo conocido desaparece para dar paso a nuevas formas, nuevas normalidades y nuevas personas, que inundan tu vida como si lo de antes nunca hubiese sido verdad.

Y ahí en medio, tú. Lo único conocido que ahora tampoco reconoces con total claridad. ¿Quién eres tú en medio de tanto cambio?

La de siempre, como nunca antes.

La que nunca antes, preparada como nunca.

Puedes sentir cómo todo se mueve rápido, cómo el cambio derriba a su paso lo que habías construido, y donde antes había comodidad ahora hay desconcierto.

En medio de ese caos abrázate.

Como recoge Maya Angelou, «nos deleitamos en la belleza de la mariposa, pero rara vez admitimos los cambios que ha experimentado para lograr esa belleza». Olvidando que todo final ha tenido un principio y un camino, lleno de muerte a lo que era para dar la bienvenida a lo que puede ser.

Cada tormenta es un nuevo amanecer, un nuevo comienzo que nos permite transformarnos en medio de la nada.

Es el mundo regalándonos el cambio que da vida, el final que da lugar a principios, el desconcierto que abre camino a nuestra evolución. Nunca termina, nunca para de girar; cuanto más ordenado esté todo, más tendencia al caos tendrá de forma natural. El cambio es el regalo, y tu objetivo, no perderte en él. En medio de la tormenta, del caos, del no-saber estás tú, contigo. Como el animal que se refugia de una tormenta enlazado en sí mismo, hasta que pierde el miedo y sale a jugar bajo la lluvia; así puedes vivir este momento. Recordándote que pase lo que pase fuera, tú estás contigo, que la tormenta termina y pronto podrás bailar bajo la lluvia sin apenas darte cuenta de lo que esa tormenta te ha enseñado y de todo lo que has aprendido hasta llegar aquí.

Decía Helen Keller que las personas no pueden ser desarrolladas en la sencillez y el silencio; solo a través de probarse a sí mismas y la experiencia del sufrimiento pueden salir el espíritu fortalecido, la ambición inspirada y el éxito conseguido.

Amemos las tormentas que nos muestran la fortaleza desconocida de nuestro espíritu y nos regalan nuestros mayores aprendizajes.

Abrázate en medio de la tormenta y aprende todo lo que ha venido a contarte.

Y recuerda que quedan muchas tormentas por vivir, porque son parte de la naturaleza de la vida, y que con cada una de ellas aprenderás pasos nuevos para tu baile. Y qué suerte.

Confía en tu caos, todo está bien.

Abrázate en medio
de la tormenta
y aprende todo lo que
ha venido a contarte.

Todo llega cuando tiene que llegar,
que no siempre es cuando tú quieres.
Esa llamada, esa conversación pendiente.
Tu sueño hecho realidad.
Lo que puedes hacer mientras tanto es
disfrutar del camino,
sentir la certeza de que todo está bien,
en su orden natural,
en su tiempo perfecto, y tú también.

No desesperes porque no llega lo que esperas,
porque no ha salido como querías,
porque aún no está.
La palabra correcta es «aún».
Porque en el momento adecuado del tiempo
perfecto, será.
Confía.

Entre luchar y saltar
estás tú
amando este momento
tal y como es.

AMARLO TODO

Y qué pasa con la muerte, la enfermedad, las pérdidas de personas que amas... Muy poco se habla de ello. Me sorprende tremendamente que nosotros, los psicólogos y escritores en desarrollo personal, nos centramos mucho en «lo que podemos llegar a ser», y muy poco y muy pocos en hablar de forma abierta de lo más oscuro que nos inunda como seres humanos. Me incluyo, por supuesto, y el ejemplo está en mis siete libros publicados en los que guío para ser mejores cada día. Y es necesario porque eso nos da fuerza y motivación para superarnos y «querer ser» mejores que ayer. Pero además de eso, también somos oscuridad, esas partes de nosotros que necesitan luz, y atravesamos momentos donde parece no existir nada que nos ilumine el camino.

¿Has sentido que quieres morir en algún momento de tu vida? No necesariamente con plan de acción en firme, que puede que también. Simplemente el deseo profundo o la leve idea de querer irte de este plano. Yo sí, muchas veces.

No dejas de sentirte mal por darte cuenta de que una idea como esa ha pasado por tu mente, en lugar de comprender de dónde viene ese deseo y por qué estás sintiendo eso.

Reconocerlo nos ayuda a comprendernos y, como te decía en mi libro *Autoamor*, comprenderte es amarte.

Comprender que cuando estás viviendo un episodio de oscuridad, todo muere para renacer. También tú.

Comprender que tu alma existe y se manifiesta todo el tiempo, y a veces te grita cuando siente que se ahoga porque llevas mucho tiempo donde no debes.

Comprender que tu esencia natural es el comienzo y el fin, y tus estaciones interiores necesitan de esa oscuridad para coger fuerza.

Comprender que tu corazón necesita los procesos de duelo para despedirse de personas y etapas y abrirse a lo nuevo, y eso implica vivir la oscuridad, sentir la tristeza, llorar la pérdida, y saber que todo eso que estás sintiendo está bien.

Es necesario que sepas todo esto para comprenderte cuando lo estés viviendo, aceptando todo el proceso y lo que llega a ti tal y como es, y no «sentirte mal por sentirte mal», que es lo que normalmente hacemos ante esta oscuridad. Y que la oscuridad es parte de la vida y de ti, y que es donde todo se ordena, se aclara, se depura y se filtra, para lanzarnos a la vida con más fuerza cada vez que atravesamos un abismo.

Es necesario amarlo todo como es.

Prepararnos para la vida es prepararnos para todo lo que la vida es, lo que la vida nos trae y lo que se lleva.

¿Sientes de verdad que estás preparada para la vida? Porque amar la vida cuando todo va bien es muy fácil, pero amarla cuando parece que nos da la espalda es sumamente complicado. Sin embargo, justo ahí, donde nuestra comprensión no llega y la vida se nos llena de vacío, es donde hay que cerrar los ojos y confiar plenamente en lo que está siendo.

La vida es maravillosa.

La vida es horrible.

Y también, como recogen los budistas, está la calle del medio:

En algún momento quise buscar un lugar para resguardarme, mas nunca encontré tal lugar. No hay nada en este mundo tan sólido en la base ni que sea parte de lo que no cambia.

Sutta Nipata

El punto entre luchar y soltar es lo que los budistas llaman el camino de en medio. Jack Kornfield recoge que:

«Cuando descubrimos el camino medio ni nos ausentamos del mundo ni nos perdemos en él. Podemos estar con toda nuestra experiencia en su complejidad, con nuestros pensamientos y drama. Aprendemos a abrazar la tensión, la paradoja y el cambio. En lugar de buscar una solución y esperar el acorde final de una canción, nos abrimos y nos relajamos en medio. Ahí descubrimos que el mundo es dócil».

¿Qué tal aplicar este aprendizaje como experiencia? Quizá desde ahí todo cambia.

La vida nos lleva a aceptar —aceptarnos— viviendo entre la salud y la enfermedad, entre la incertidumbre y el control, entre la felicidad y lo contrario. Y mientras aprendemos a hacerlo, pasa la vida. Y en ese camino de en medio tenemos la mejor medicina: confiar.

Thích Nhất Hạnh recoge este aprendizaje en una bella historia que dice así:

«La flor de loto no piensa: "No quiero el barro". La flor de loto sabe que puede florecer tan bella solo gracias al barro. En nosotros ocurre lo mismo. Tenemos semillas negativas en nuestro interior, el elemento del barro, si sabemos cómo aceptarlo, nos aceptamos a nosotros mismos. La flor de loto no necesita deshacerse del barro. Sin barro, moriría. Si no tenemos desechos, no podemos florecer. No deberíamos juzgarnos ni juzgar a los demás. Solo necesitamos practicar la aceptación y así progresar sin lucha. El proceso de transformación y sanación requiere prácticas continuadas. Producimos basura cada día, y por este motivo necesitamos practicar continuamente para cuidarnos de nuestra basura y convertirla en flores».

Amar lo que estoy viviendo.
Amar lo que estoy sintiendo.
Permitirme sentir lo que estoy sintiendo.
Amar cada parte de mí en este proceso.
Esto, sin duda, es la Vida.

Confía en lo que es, todo está bien.

LOS TIEMPOS PERFECTOS

Soy de las que siempre han preferido hacer a dejar hacer, a veces con la impaciencia de verlo hecho al momento de pensarlo, y casi siempre me ha ido bien. Pero con el tiempo he comprendido que hay cosas en las que eso no vale, no sirve, no es suficiente. Como un embarazo, o ver crecer un árbol, hay cosas en las que la impaciencia no sirve de nada. Más bien todo lo contrario.

Siempre he dicho que la época más feliz de mi vida fue mi embarazo. Más allá de las circunstancias personales, que se alinearon para que pudiera vivirlo con plena consciencia y bastante tiempo a solas, si ahora miro atrás creo que esa felicidad venía de la certeza de que todo iba según su curso y yo no tenía nada más que hacer, solo esperar y confiar en que todo viniera bien. Y eso hice. De esto hace más de catorce años y sigo pensando que fue el tiempo de mayor paz y felicidad de mi vida.

Era una persona centrada en el hacer, y la certeza de no tener que hacer me enseñó a relajarme, vivir el momento y confiar en el proceso y en el tiempo natural de todo. Durante ese tiempo y después de más de veinte años me quité el reloj y nunca más me lo puse. Fue como un «me entrego a lo que está siendo y fluyo con el momento presente», algo que nunca había hecho de esa manera. Confieso que no fue consciente y que en esa época no tenía la conciencia emocional y espiritual que puedo tener hoy, pero algo en mí lo sintió así y así lo hizo. Sobra decirte que después de esos meses de paraíso espiritual para mí, mi vida se complicó mucho, me puse la capa de *superwoman* y se me olvidó todo eso de confiar durante muchos años. La vida es todo eso y es perfecta así.

Los tiempos perfectos existen, pero no es lo mismo para todo el mundo en ningún caso. Hay personas que tienen un tiempo perfecto de embarazo de ocho meses y quien lo tiene de diez, aunque la media esté en cuarenta semanas. Y no pasa nada, aunque los médicos a veces quieran forzarnos a «la normalidad». ¿Cuál es el tiempo perfecto para volver a estar bien después de una muerte cercana? ¿Y de una ruptura sentimental? ¿Y de un daño intenso en tu vida? Los tiempos perfectos existen, porque son los procesos que necesitas para volver a tu luz, pero no tienen por qué ser los que estén aceptados por la sociedad como normales. Es importante respetar tus tiempos y tus procesos, confiando en tu tiempo perfecto y en que está bien así.

Cuando alguien —por amor y cariño— te diga que ya tendrías que estar «bien», le puedes contestar «estoy en mi proceso» con total naturalidad y amor. Porque es verdad. Porque estás haciendo lo que tienes que hacer para recuperarte, a la vez que estás confiando en el proceso que en este momento necesita tu alma para volver a estar bien.

No como antes; diferente, transformada y evolucionada.

Y eso lleva su tiempo.

*Gracias al tiempo por ser maestro
y permitirme aprender y evolucionar.*

Confía en tus tiempos, todo está bien.

Lo que me inspira y me da vida
está de camino.

Wayne Dyer

No todo se puede entender,
a veces solo hay que
sentir

NO TODO SE PUEDE ENTENDER, A VECES SOLO HAY QUE SENTIR

Hemos puesto mucha energía en intentar explicar con la razón lo que nos llega desde la emoción o la intuición. El resultado ha sido nefasto; cuando no podemos explicar algo con lo que conocemos, directamente lo descartamos, como si no existiera, como si lo que sintiéramos no tuviese sentido, restándonos importancia y razón precisamente por la falta de razón. Cuánto aprendizaje y evolución nos hemos dejado por el camino por no escuchar y valorar lo que sentíamos como respuesta...

Si algo hemos aprendido a estas alturas de la vida, es que hay muchas cosas que aún no se pueden explicar, y eso no hace que no existan, que no sean o, en tu caso, que no las sientas.

Porque no todo se puede entender; a veces solo hay que sentir, y ahí en medio confiar.

Cuando las palabras dicen una cosa pero tú sientes otra.

Cuando las pruebas empíricas te muestran una cosa, pero tú sientes que hay algo más.

Cuando la vida te lleva por un camino, y aunque no sea lo que esperabas, sientes que es el camino correcto para ese momento.

Virginia Woolf escribía: «Por la verdad, estamos deshechos. La vida es un sueño. Es la vigilia que nos mata». Quizá intentando vivir con exceso de mente y poco corazón. En un universo físico donde parece que solo vale lo que se ve hemos descuidado lo que se siente, que es el lenguaje del corazón. Eso que sientes es la forma que tiene tu corazón de comunicarse contigo. Hazle espacio en tu mundo de pensamientos y razón, y acepta que hay mucho de eso que no se puede explicar, pero es.

Lo que no puedas entender con tu mente prueba a comprenderlo con tu corazón.

Joe Dispenza dijo una vez: «El cerebro piensa, pero el corazón sabe». Y es que la inteligencia del corazón a veces no se puede explicar, ni siquiera entender, pero ahí está guiando cada uno de nuestros pasos.

Hace poco en una conversación por WhatsApp con un directivo, me decía que no sabía qué hacer, que se sentía perdido, bloqueado, y desgastado, especialmente después de un episodio personal que le había sacado de su zona de confort.

Directivo
No me siento al 100 % y eso me agobia mucho. No me he permitido descansar y emocionalmente estoy muy agotado. Teóricamente ya tengo que estar bien y a tope y algo me bloquea. No sé cómo afrontar esto.

Yo
Buenos días. Siento que estés así. Quizá estás sintiendo que algo tiene que reorganizarse o encajar de otra manera, y te estás bloqueando.

Directivo
Siento que me cuesta soltar el control, estoy intentando hacer y hacer y no sirve, y en el fondo de mí creo que sé que por ahí no es.

Yo
Confiar es entregarte a lo que es, con el firme convencimiento de que lo que te va a llegar es justo lo que necesitas. Incluso esto que estás viviendo. Confía y mantén la fe. Quizá este episodio tan complicado o difícil en tu vida, en una vida ordenada, entregada y de estar siempre al 500 % en ideas, actitud y energía, sea para cuestionarte la autoexigencia. Te está parando para tomar conciencia de cosas que normalmente no verías.

A veces en esa pausa en lugar de callar y escuchar qué pasa, qué hay, qué tiene la vida para nosotros, seguimos en nuestro afán de hacer, hacer y hacer. Porque nuestra identidad casi siempre se autoafirma en el hacer, cuando en realidad está en el ser. Quizá necesitas pararte a sentir, a sentirte y a escucharte. Porque tanto hacer, anestesia lo que de verdad eres, lo que de verdad quieres. Para y siente. Confía en lo que te dice tu cuerpo.

En nuestro día a día hay más de lo que no podemos explicar, aunque lo sintamos, que al contrario. Es importante que nuestra evolución vaya en el sentido de ir haciendo espacio a esa escucha interior para creer en nosotros mismos y en lo que sentimos más allá de que tenga explicación lógica o no, y más allá de que las personas que tenemos cerca nos comprendan o no. Todo lo que hoy se cree con fe ciega una vez fue solo una idea. Recuerda esto cuando tú mismo desestimes eso que no puedes explicar aunque lo sientas.

Como dijo Maya Angelou, «la fe es la evidencia de lo invisible».

Cuando mi amiga Victoria estaba en sus últimos días de vida, si lo sabía, no se lo dijo a nadie. Ingresó en el hospital por una recaída de cáncer. Fui a verla cada día, y su habitación siempre estaba llena de amigas. El día número 8 le escribí para decirle que iba para allá, y me dijo que ese día no quería visitas, que necesitaba descansar. Soy de respetar mucho los espacios y los tiempos que necesitamos, porque yo los necesito mucho, y mi respuesta fue «ok, no voy, descansa y mañana voy a verte». Me quedé intranquila, porque mi mente me decía que hacía lo correcto, respetándola a ella, pero mi corazón me decía que tenía que ir. Elegí escuchar a mi corazón. Llevé a mi hija con mis padres, le compré una orquídea violeta, y fui al hospital a verla. Por primera vez en ocho días estaba sola. Le había dicho a todo el mundo que no fuesen a verla. Me senté a su lado mientras dormía. Hablamos un ratito, y después de unas horas, al irme, la besé en la frente le dije «no estás sola». No sé por qué le dije eso, pero así fue. Cuando miro atrás lo puedo comprender: mi alma despidiéndose de su alma. Al salir del hospital lloré un rato en el coche, porque sentí que era la última vez que iba a estar con ella. Se fue al día siguiente. Aún me cuesta hablar sobre esto, pero siento que te puede ayudar;

a mí esa experiencia me ayudó a confiar más en lo que siento, a responder desde el corazón, porque hacerle caso me regaló esa experiencia de poder despedirme de ella.

Experiencias como esta nos cuesta comprenderlas desde la mente, pero nos es fácil con el corazón. Poner amor donde no llega la razón.

No todo se puede entender, a veces solo hay que sentir.

Confía con todo tu corazón en lo que sientes, todo está bien.

La esencia de la vida
es que es desafiante.

Pema Chödrön

Acepto la vida tal y como es.
Y desde este lugar,
sin resistencia,
elijo cómo vivir lo que es
con todo lo que soy.

La magia del «no sé»

Hay un lugar en medio del todo en el que nada es.
Viajamos de una certeza a otra, con la mochila llena de verdades
absolutas que se van cayendo por el camino.
Un día miras dentro, y apenas quedan.
No hay verdades.
No hay certezas.
Y tampoco destino.
Nada que perder.
Ningún lugar al que llegar.

En medio del viaje que nos contaron y que todos esperábamos vivir,
te encuentras a la vida de frente, sin certezas
y llena de incertidumbre.

La miras y le preguntas:
¿Hacia dónde me dirijo?
¿Cuál es mi destino?
¿Dónde tengo que ir?

Y la vida, mirándote mientras sonríe, te contesta:
«No sé».

Y ese día comienzas a vivir la vida.
La tuya.
Abrazando el «no sé» como el mejor regalo
que la vida pudo darte.

Confiar es
dejarte caer
en los brazos
de la vida

CONFÍA EN LOS FINALES

Todo en la naturaleza tiene principio y final, y como dice el Tao: si existe en la naturaleza, existe en nosotros.

Me apego tanto a lo que vivo, a lo que tengo, a lo que conozco y a lo que soy, que me cuesta mucho dejar ir. Sin embargo sabemos que vivir es dejar ir, abrazar lo que llega y agradecer lo que se va.

¿Por qué nos cuesta tanto? Simplemente porque no estamos confiando en la vida lo suficiente.

Dijo Thích Nhất Hạnh: «Para las personas es muy difícil dejar ir su sufrimiento. Debido al miedo a lo desconocido prefieren sufrir porque esto les resulta familiar». Y es que nos quedamos en los finales por apego a lo que tenemos y conocemos y por miedo a lo que pueda llegar y nos atrevemos a soltar. Dejar ir se convierte en deporte de riesgo porque nos llena de sufrimiento. Nos inunda el miedo al cambio y al vacío de dejar ir, y preferimos quedarnos donde ya no podemos ser, aunque allí ya no hay sueños.

Como dijo una vez la escritora Elizabeth Gilbert: «La incapacidad de abrirse a la esperanza es lo que bloquea la confianza, y la confianza bloqueada es la razón de los sueños arruinados».

Sentir que algo ya no resuena contigo,
validar lo que sientes,
creer en ti, en lo que sientes y en lo que quieres,
permitir el final del ciclo,

dejar ir y abrirte a lo que llega, confiar durante todo el proceso. Seguir adelante.

Si confiamos en la vida, sabemos que lo que llega, llega por una razón siempre; que lo que se va, lo hace porque ya ha terminado su papel en nuestra vida, y que tu única responsabilidad es abrirte a lo que está por llegar. No sé a ti, pero cuando vivo desde ahí, con esa certeza de confiar en la inteligencia de la vida, todo es tan fácil que asusta saberte con tan poca importancia en algunas decisiones.

Hay una cita preciosa de Alan Watts que dice: «Tener fe es confiar en ti mismo cuando estás en el agua. Cuando nadas no agarras el agua, porque si lo haces te hundirías y te ahogarías. En cambio, te relajas y flotas».

Es sin duda un regalo vivir la vida desde ahí.

Dejar de pelear con el agua y rendirte a ella.

Relajarte y flotar en lugar de luchar contra ella.

Vivir confiando. Dejarte llevar.

Permitir el principio y el final.

Escribió Buda:

Esta existencia nuestra es tan efímera
como las nubes de otoño.
Observar el nacimiento y la muerte de los seres
es como contemplar los movimientos de un baile.
La vida entera es como un relámpago en el cielo.
Se precipita a su fin como un torrente
por una empinada montaña.

Confía en los finales de tu vida, todo está bien.

AMANDO EL CAOS COMO PRINCIPIO

Cada vez que me entrego al caos, algo se revela.

El caos como ruptura de lo conocido, como final de lo ya vivido, como principio de algo que aún no sabemos qué es.

En el mayor desorden aparecen los mayores regalos. Ámate en el caos, entrena tu flexibilidad recordando cómo lo hace la naturaleza, que es nuestra maestra.

Como recoge el Tao, «cuando nieva sobre una rama de pino la rama aguanta rígida hasta que acaba por quebrarse; cuando nieva sobre un sauce las ramas se inclinan dejando caer la nieve y vuelven a levantarse».

El junco, por ejemplo, es tan flexible que se adapta a los cambios del viento, fluye con la corriente del agua donde vive y busca su esperanza siendo parte del cambio.

El caos es la vida en sí misma, cuando se le caen las máscaras de lo que creemos que debe ser.

Todo es principio.

Todo es camino.

Todo es parte.

Es en medio del caos donde descubriremos el amor y la verdad. Abrirte a lo que está siendo, desnudo de expectativas y caminos trazados. Lo que crees que debe ser mata lo que es y lo que está siendo en este instante. Y amar la oscuridad dentro del caos.

El día que abrazas tu oscuridad te vuelves tú mismo.

El de verdad.

El que se esconde porque no sabe relacionarse con el miedo, ni entregarse a la vulnerabilidad de no ser lo que esperaba en medio de este caos.

El que ha construido máscaras y personajes para afrontar con éxito partes de su película, pero que ya no le sirven.

El que ve cómo su personaje ha enterrado tan profundo al ser que necesita alejarse para volver a encontrarlo.

En su oscuridad más verdadera.

Esa oscuridad es tu verdadera luz, porque te invita a destruir tus partes inventadas para crear tu verdad desde una nueva luz. La luz de quien sabe que no sabe nada, que todo lo puede si se permite volver a empezar, cada día, con ojos vacíos a lo que era pero llenos de lo que está por venir.

Bienvenidos los miedos a lo que termina porque te llevan a un nuevo comenzar. A una oscuridad llena de luz. A un final vestido de volver a empezar.

Abrázate en medio del caos, porque ahí te darás cuenta de quien de verdad está contigo: tú.

Entrégate a la vida con humildad y confianza.

Ama tu caos como principio de un nuevo final. Una y otra vez. Porque si hay algo cierto es que hemos venido a cambiar y a transformarnos.

Confía en el caos, todo está bien.

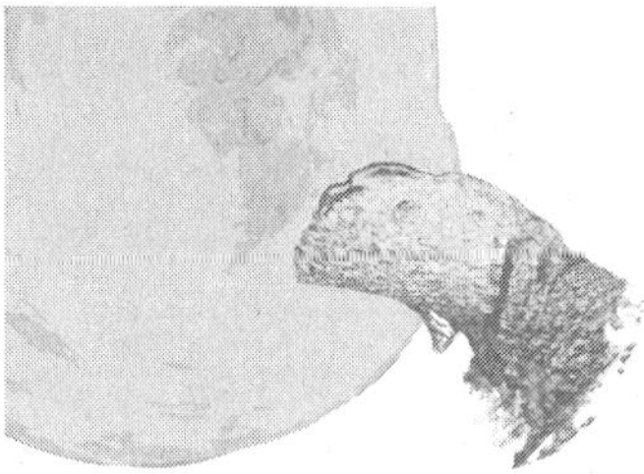

Cuando no sepas qué hacer,
sigue esta clave:

Lo que te dé más paz.

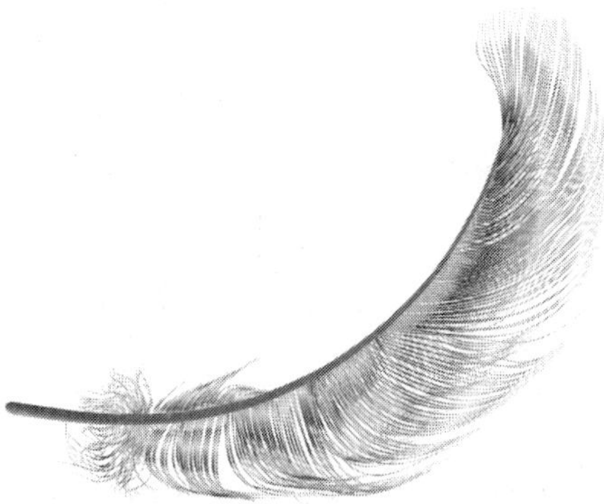

AMA TU VACÍO

Morimos muchas veces en la misma vida. Me gusta repetir esto para normalizar la muerte que vivimos, la vida que sentimos morir, los ciclos que comienzan y terminan y necesitamos comprender para vivirlos con más amor.

En algunos momentos ese morir en vida se hace tan profundo que lo llamamos crisis existencial. Como el nombre indica, es una crisis en nuestra existencia, en la que cuestionamos todo lo que hasta ayer era aparentemente perfecto. Pierdes parte de lo que eras, mueren partes de ti, pierdes el sentido que antes guiaba tu vida y te servía, y te quedas lleno de vacío intentando comprender qué pasa. ¿Y ahora qué? Ahora tú. Pierdes mucho pero ganas mucho, porque tienes la oportunidad de llenar ese vacío de ti, de más verdad, con menos máscaras y más alma. Es perfecto, si así lo necesitas, acompañarte en este camino de un profesional que te apoye, que te ayude a encontrar los recursos en ti para afrontar tu nuevo yo, y sentirte con la determinación de crear lo que quieres crear. Recordando siempre que el maestro está en ti, que el universo vive en ti y que en ti están todas las respuestas que necesitas para crear el nuevo camino. Crear, no encontrar. Porque los caminos de otros no te sirven, tú has venido a crear el tuyo, con lo que resuena en tu alma y tu corazón. Las crisis existenciales llegan para replantearnos la existencia. No para morir, pero sí para dejar morir las partes de ti que no son verdaderas y auténticas. Aprovecha este momento en el que parece que la vida te deja en la nada, sin nada, para replantearte todo.

*Un nuevo amanecer está al llegar,
pero mientras tanto vive la noche.*

Los momentos de vacío son en los que más profundo he llegado hacia abajo (muerte interior) y más alto he construido (cambio exterior). Cuando empecé a escribir este libro que tienes en tus manos, estaba en uno de esos momentos de vacío. Y eso me hizo darme cuenta de que tenía que crearlo. Tenía que aprovechar esa muerte interior para impulsar un cambio en mi mundo, que en este caso supuso la escritura de este libro y otras acciones que aún estoy desarrollando en mi vida.

*La sensación de carencia es inherente
al ser humano, llénala de ti.*

Muy pocas personas en el mundo sienten todo el tiempo la plenitud del ser, aunque todos estamos en camino. Es como si todos tuviésemos en nuestro interior un espacio que llamamos vacío y que intentamos llenar de cosas: ropa, coches, marcas, experiencias, o de otras personas. El resultado final siempre es el mismo: ayuda, calma en ese instante, pero no es suficiente. Siempre vuelve.

Lejos de juzgar o rechazar ese vacío, te invito a que lo mires de frente cuando te sientas preparado para ello. Viene tantas veces que si en este momento no te sientes preparado para hacerlo, no pasa nada. Lo harás después. Ya se queda como una asignatura pendiente en ti, mirar ahí dentro. En ese lugar que sabes que será doloroso e incómodo y te mostrará algo de ti que no conoces. Por eso abrazar tu vacío es un ejercicio para valientes. Porque el vacío no puede ser tapado, maquillado o escondido; puedes no mirarlo, pero sabes que sigue ahí. Te pide que lo mires, que lo escuches, que lo abraces como una parte más de ti, que no se ha sentido escuchada. Y algo que quizá no has hecho nunca: que lo llenes de ti.

Y entonces la vida se vuelve menos exigente: resulta que no necesitas tantas cosas como pensabas para ser feliz; solo tenías que llenarte de tu verdad, para sentirte más pleno y contigo. Aunque suene típico y fácil es un ejercicio que requiere mucha valentía, sinceridad contigo mismo, honestidad, autenticidad y vulnerabilidad.

Tu vacío tiene mucho que decirte. De ti, de tu vida, de tu historia. De cómo estás viviendo. De qué estás priorizando. De cómo tu ser busca su espacio para vivir desde ahí, y no escondida en máscaras. Por ello cada vez que sientas en ti ese vacío que te llena de miedo, quizá puedes vivirlo desde la oportunidad que es mirar tu verdad de frente y hacer espacio a quien de verdad eres, soltando partes de ti que ya no te llenan. Y llenarte de ti.

Confía en tu vacío, todo está bien.

Parar forma parte de caminar.
Al igual que el sueño a la vigilia,
o el otoño que renueva las hojas
de la naturaleza en ebullición,
parar es parte del camino de la vida
para renovar tu conexión.
No tengas miedo a parar, descansar
o dejar de hacer,
porque todo es parte,
todo es necesario,
y todo es camino.

Respira vida,
estás aquí

LA MUERTE NOS ENSEÑA DE LA VIDA MÁS QUE LA PROPIA VIDA

¿Recuerdas la muerte más reciente de una persona cercana que hayas vivido? ¿Cómo te afectó? ¿Qué te hizo pensar, sentir o hacer?

Cuánta vida hay en la muerte...

Probablemente te haya impulsado a vivir la vida con más intensidad, con más verdad y menos debería. Así es la muerte con la vida. Nos recuerda que estamos de paso, que todo es un regalo, algo que cada día se nos olvida.

El regalo es poder vivir la vida desde ahí. Con unos ojos que miran todo como un milagro; el milagro de estar aquí. Con la sabiduría del que sabe que se va de aquí, que todo es camino y que un día sin fecha ya no estará. Hay que agradecer a la muerte lo que nos recuerda, porque sin que sea su objetivo, el final del camino nos invita a vivir cada paso con más conciencia, con ánimo de caminar despacio hacia el destino. Si caemos en la trampa de la vida, vivimos rápido, sin sentido y sin sentir, y nada parece nunca suficiente.

Estamos de paso.

La vida es un regalo.

Todo es camino.

Todo es milagro.

Un amanecer. El canto de un pájaro. Una sonrisa. El sonido del mar. La lluvia. Una flor.

Tu corazón acelerado recordándote que estás vivo.

Tu cuerpo cansado recordándote que estás aquí.

El abrazo que te acoge recordándote que has venido a sentir.

El amor que todo lo mueve y te recuerda para qué estás aquí.

Con toda la belleza que es la vida tiene que venir la muerte a recordártelo. Así somos, hasta que elegimos abrir los ojos a la vida como el regalo que es.

Agradece a la muerte desde la vida el mensaje que te trae.

Agradece al destino desde el camino, que te muestra el sendero.

Agradece a quien ya no está desde tu vida, que te enseña a vivir.

Estás vivo; estás a tiempo de vivir viviendo.

Respira vida, estás aquí.

Confía, todo está bien.

Esto que estás sintiendo ahora
también pasará.
Aunque sea intenso, incomprensible,
aunque te duela en lo más profundo de ti.
Aunque te desarme. Aunque te desalme.
Esto también pasará.
Respira profundo.
Toma distancia.
Suelta el miedo o tu intención de hacer.
El momento te pide tiempo.
Tiempo para parar.
Tiempo para integrar.
Tiempo para no hacer.
Y mañana lo verás diferente;
con otro color, con otros ojos,
como si volviera a salir el sol.
No será el mismo sol
ni tendrás los mismos ojos de ayer,
porque cada dolor nos hace diferentes.
Pero siempre tú.
Respira.
Confía.
Todo está bien.

Háblate bonito
y crea tu mundo,
en el que todo es posible,
en el que estás siempre contigo,
en el que sabes que nunca estás sola,
porque tú estás contigo.

HÁBLATE BONITO

En medio de tu oscuridad, háblate bonito.

Es más difícil de lo que parece, por eso también puede ser donde más atención debas poner. En ese lugar oscuro donde nada se ve, donde todo parece imposible, insufrible, sin fin, puedes hacerte el más bello regalo: estar contigo. Será la única manera de vivirlo con amor y desde el amor, acompañándote en tu oscuridad.

Cómo te hablas ahí determinará cómo puedes gestionarlo, vivirlo, sentirlo, afrontarlo. Del no puedo más al voy a ver qué me regala esta experiencia hay un mundo. Nadie sabe gestionar los momentos oscuros hasta que le ponemos consciencia. Ahora puedes intentar hablarte bonito en medio del caos.

Tu cerebro funciona diferente según cómo te hables, y te predispone a afrontar con más éxito lo que estás viviendo en función de cómo te hablas. Las palabras positivas son percibidas como tal por el hemisferio derecho y generan alegría y placer. Las palabras negativas o insultantes (también hacia uno mismo) activan la amígdala generando malestar, ansiedad o ira. Es obvio que tu predisposición a actuar ante lo que pasa es diferente en función de cómo se active tu cerebro; juega a tu favor.

Cuando mi libro *Autoamor* ya estaba en el mundo, me hizo un regalo: comprometerme a aplicarlo en mi vida para ser más coherente. No hablo de lo que no sé ni escribo nada que no haya vivido, pero aplicar algo con consciencia de lo que estás haciendo y ver un resultado diferente es increíble. En mi verano de 2021, cuando mi mundo se derrumbó, elegí quedarme conmigo, plenamente consciente de lo que estaba haciendo. Por primera vez. Y el resultado fue completamente diferente a otros momentos oscuros de mi vida, porque elegí acompañarme en el proceso y no soltarme la mano, confiando en mí, en mis recursos para afrontarlo y en lo que esta experiencia podía traer para mí. Entre otras revelaciones, una fue que este libro tenía que ser escrito en ese momento a través de mí.

Mi forma de hablarme pasó del silencio doloroso conmigo misma a acompañarme con frases como, «Laura, todo está bien» o «lo estás haciendo muy bien», como si me animara mi mejor amiga (interior). Fue para mí un descubrimiento muy bello que me ha hecho sentir más acompañada que nunca.

Si ya lo haces, es maravilloso que lo hayas descubierto y aplicado cuando más lo necesitas. Si aún no lo haces, te animo a que lo pruebes; habrá veces en las que te acuerdes y otras no; se trata de ir haciendo espacio a una nueva forma de relación contigo que te permita tener más recursos para afrontar la vida en general, y los momentos difíciles en particular.

Háblate bonito y crea tu mundo particular en el que todo es posible, en el que estás siempre contigo, en el que sabes que nunca estás sola.

Confía, todo está bien.

No necesitas dejar atrás
tus versiones pasadas.
En cada renacer te nacen nuevas alas
para ser más tú y volar más alto,
pero cada una de tus anteriores versiones
te recordará tu valentía, tu fuerza
y tu capacidad para superarlo todo.
Dale las gracias
a cada una de las partes de ti
que se transformaron
y te trajeron hasta quien eres
hoy.

El amor te salva
de la vida
cuando duele.

EL AMOR TE SALVA

Llama.

Escribe ese mensaje.

Busca ese abrazo.

Pide ayuda.

Las personas que te quieren tienen derecho a saber que necesitas un abrazo, hablar o llorar. Y tú necesitas saber que no estás sola.

El dolor se va sanando poco a poco con amor. Y el dolor del amor, con más amor.

Y autoamor.

El amor tiene el poder de salvarte de la mayor oscuridad. Amar y sentirte amada.

Por eso una forma de autoamor es darte el regalo de buscar apoyo en quien te quiere, quien te cuida, quien te escucha de verdad. Quizá esta lista se reduzca a dos o tres personas, pero son tus personas. Como te decía en *Palabras para encontrarte*: tus personas estrella, esas que vienen a iluminarte en tu oscuridad. Y seguramente tú también lo seas para ellas.

Darte el permiso de pedir ayuda es amarte bien, aceptar que necesitas que te acompañen, te escuchen o te sostengan, porque el dolor, acompañados, duele un poco menos. El peso compartido pesa un poco menos, y el regalo que es tener personas estrella en tu vida es compartir camino, en luz y oscuridad.

Ese amor te salva de la vida cuando duele.

No, no estás sola. Nunca lo estás.
Eres amor y estás rodeada de amor.

Pide ese abrazo, haz esa llamada, escribe ese mensaje.

Necesitan saber que los necesitas, porque a veces la vida rápida y automática de cada uno nos hace estar ciegos a las oscuridades de los demás. No porque no les importes; no te ven. Ayúdalos a sentirse importantes para ti, a que sepan qué hacer para acompañarte en este momento, a sostenerte en tu vuelo. Como tú lo haces con ellos, una y otra vez.

Por eso es importante que hables, que lo digas, que lo pidas.

Por amor a ellos, por amor a la vida y por amor a ti.

El mundo te está esperando para abrazarte y llenar tu vacío de amor.

Confía en las personas que quieres. Todo está bien.

DI SÍ A LA VIDA

En medio del caos del que se siente perdido, de la tristeza del que no sabe cómo mirar de frente lo que está pasando, de la rabia de perder algo que amabas o alguien que era parte de ti, lo más valiente que puedes hacer es decir sí a la vida.

Agarrarte con fuerza a lo que amas.

Apoyarte en quien te ama.

Llenar tu vida de ilusión. O al menos una tras otra.

Dejarte querer.

Querer de verdad lo que quieres.

Mirar el mundo y elegir seguir aportando belleza en él a través de ti.

Construir desde tu amor, con el amor que yace en medio de todo lo que sientes en este momento.

Ese mismo amor que te salvará de perderte en la falta de ilusión por estar aquí.

La ilusión...

No puedo decirte que nunca la pierdas. Yo también la he perdido. Pero siempre hay que salir en su búsqueda porque se vuelve faro. Faro para recordar el camino para volver a levantarte. Nunca te lleva al mismo sitio, porque ya nunca serás la misma persona. Pero te guía a lugares nuevos. Espacios en los que te ves más grande, más cansado y más mayor, pero también más fuerte. Y cada vez sabes menos dónde vas, pero tiene más claridad de dónde vienes, y quizá para qué estás aquí. Y resulta que no era tan difícil; venías a escucharte un poco más a ti, y un poco menos a lo que dice el mundo sobre ti. Y en ese camino, llenarte de amor por la vida tras cada caída, como una fuente inagotable que llena cada sensación de vacío.

Regala un sí rotundo a la vida, déjate enamorar por ella como si fuera la primera vez que vives, viviendo cada instante con ojos de niño y corazón de anciano, lleno de la gratitud de sentir que cada momento puede ser el último. Regálate un sí rotundo a ti, y a tu capacidad de vivir desde el amor que eres, entregando todo lo que hay en ti al mundo, para hacerlo aún más bonito. Todo suma. Tu amor suma. Tu belleza interior crea belleza a tu alrededor. Compártela cada día.

Las personas que te aman te quieren ver brillando, creciendo, compartiéndote, soñando. Las personas que te aman y ya no están, también.

Las que no te aman no importan.

Hazte el regalo de decir sí a la vida, sí a lo que he venido a hacer, sí a lo que mi alma ha venido a compartir y aprender aquí, sí a lo que la vida me trae y se lleva porque confío plenamente en ella.

Y recuerda que todo es camino y que el destino eres tú.

Confía en la vida, todo está bien.

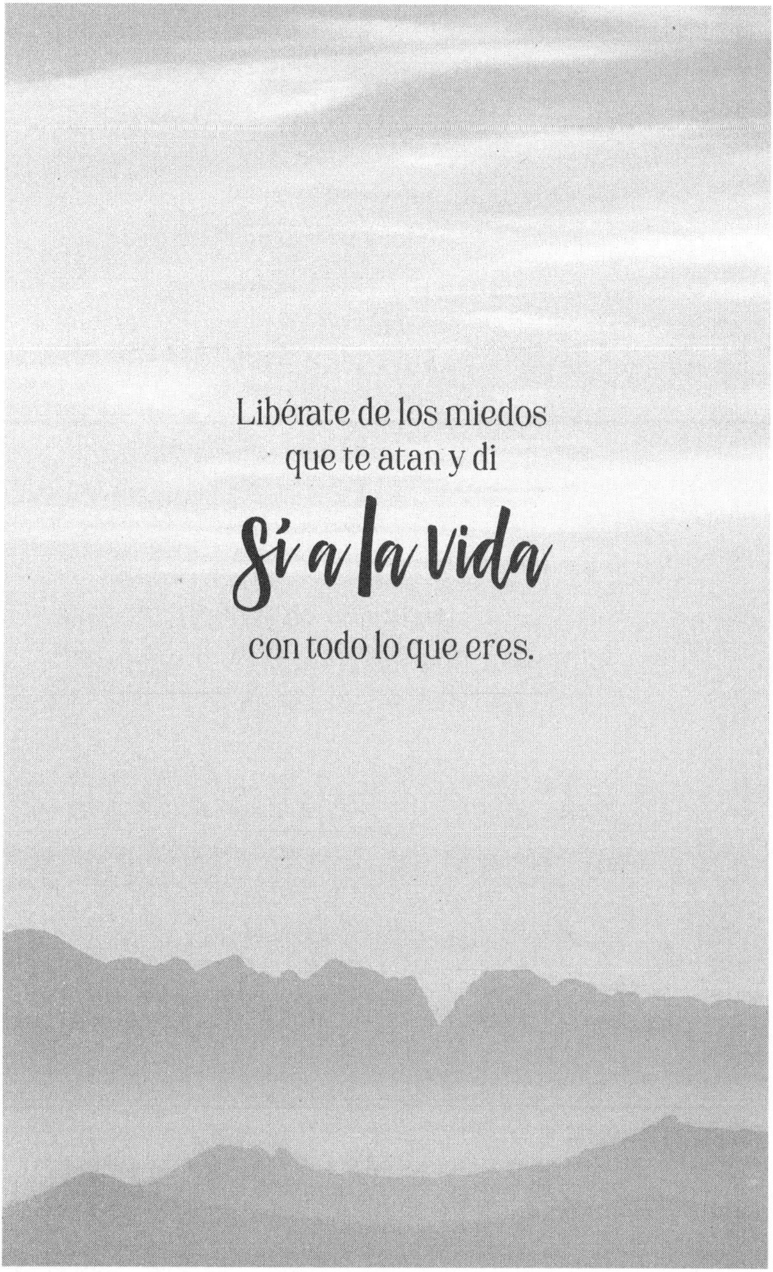
Libérate de los miedos
que te atan y di
Sí a la vida
con todo lo que eres.

Hay que saber volar,
pero también hay que saber caerse.

APRENDER A CAERTE

A sufrir también se aprende, de forma que se sufre, pero menos.

Quiero traerte aquí algunas reflexiones por si te pueden ayudar a gestionar este momento de una forma más positiva para ti.

Según el budismo, para acabar con el sufrimiento lo primero que se debe hacer es aceptar que existe. «La vida de todos los seres humanos, más tarde o más temprano, es tocada por el dolor. Resistirse a ello solo lo incrementa». Aceptarlo te ayuda a dejar de resistirte a algo que es tu naturaleza. ¿Y qué más puedes hacer?

Recoge A. Duckworth que las personas optimistas viven las mismas situaciones negativas que las pesimistas. Pero las interpretan de distinta manera: las optimistas, en general, intentan descubrir las causas temporales y concretas de su sufrimiento; en cambio, las pesimistas lo achacan a causas permanentes y omnipresentes. ¿Quién crees que sufre más o durante más tiempo? Es importante que atiendas a tu forma de mirar lo que pasa, las atribuciones que haces sobre lo que pasa, y no generalizar. Porque hoy, en este momento, si algo no te ha salido como esperabas, no es «todo me sale mal» o «siempre me pasa igual», porque ese tipo de afirmaciones juegan en tu contra más que la situación en sí misma. La forma en la que te hablas tiene la capacidad de transformar las pequeñas complicaciones en grandes catástrofes, pero también al contrario. Elige bien.

Un estudio publicado en 2021 refleja los cambios que el autoamor genera en el cerebro, especialmente la autocompasión y la bondad amorosa con uno mismo en los momentos difíciles. Entre otros, disminuye la autocrítica, disminuye la tendencia al aislamiento y a la sobreidentificación con lo que se siente, y aumenta la capacidad de atención plena. Lo que nos ayuda a recordar que en los momentos más difíciles es cuando más tenemos que cuidar esa relación —a veces olvidada— con nosotros mismos. Mucho autoamor por el camino de nuestra vida.

Recuerda que tu ejemplo y tu aprendizaje a la vez es ejemplo para el mundo; con tu capacidad de vivir lo que pasa y afrontarlo, sin darte cuenta, estás recordando a otros cómo hacerlo.

No podemos dejar de hablar del concepto de resiliencia, que tanto habrás escuchado y que he compartido en mis otros libros. Si miras tu vida, puedes comprobar cómo los acontecimientos adversos te han hecho caer, sí, pero también te han enseñado mucho sobre ti y sobre lo que has vivido. Y después de eso has vuelto a tu vida, pero diferente, transformado y más fuerte. Esto se denomina resiliencia, y es una habilidad, por tanto, entrenable y aprendida, que te ayuda a vivir con más entereza y fortaleza la vida también en la adversidad.

Es lo que yo llamo aprender a caerte para saber levantarte. Recordar mirar dentro de ti los recursos infinitos que tienes cuando de verdad (los) te necesitas, y usarlos a tu favor, como por ejemplo:

- Pensar de forma positiva.
- Hablarte con amor.

- Saber que puedes.
- Confiar en ti y en la vida.
- Buscar apoyo de tu entorno para sentirte más fuerte.
- Recordar las veces en las que superaste algo parecido.
- Enfocarte en la posibilidad.
- Asumir tu parte de responsabilidad y soltar la que no te corresponde.
- Aprender de lo que estás viviendo.

Todo esto te hace aprender a caerte para saber levantarte con amor a la vida y con amor a ti, recordando que todo es parte y que si te caes, como decía Galeano, es porque estabas caminando.

Confía en tu camino, todo está bien.

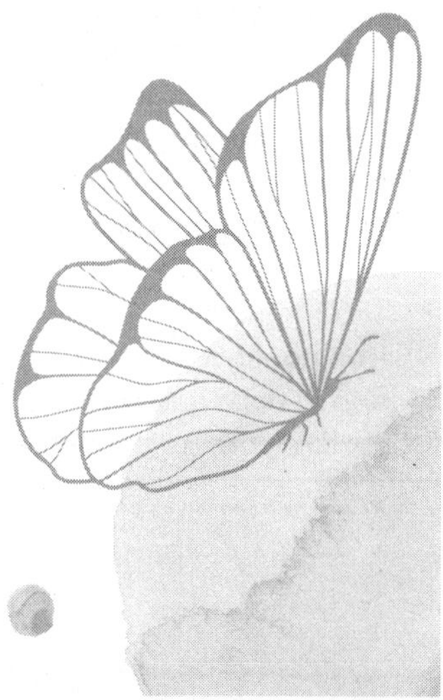

APRENDER A DESPEDIRTE

Escribo estas líneas cuando yo misma estoy pasando por un proceso de aceptación de una partida; aprender a despedirme está siendo un reto nada fácil, así como tomar conciencia de la importancia de dejar ir como parte del proceso de confiar en la vida tal y como es.

Hoy es 7 del 7. Estoy procesando una despedida de una persona a la que he amado mucho, y justo hoy se hace pública la portada de este libro y llega a mis manos la última revisión, que me dice «Confía». Lo entiendo como un mensaje y lo abrazo.

¿Cómo aprender a despedirte de quien no quieres que se vaya?

Quizá el reto más grande que tenemos como humanos, cuando alguien está cerca de la muerte, es aprender a dejarle ir. Eso implica priorizar su camino al tuyo, dejar a un lado tus deseos y necesidades y anteponer lo que necesita el alma que tienes delante.

Darle permiso para irse. Darte permiso para dejarlo ir. Hacer más pequeño nuestro ego (lo que quieres, «debe ser» o necesitas) para dar espacio a lo que es, a lo que está siendo, a lo que esa persona necesita.

No te necesita reteniéndolo por miedo o tristeza, te necesita acompañándolo en su transición. Te necesita en paz, recordándole todo lo bello que habéis compartido, lleno de gratitud y amor, y dándole permiso para partir.

Cuando no lo hacemos así (porque no sabemos ni nadie nos ha enseñado), le estamos haciendo más difícil el proceso. Aunque creas que aferrarte a que se quede es amor, el verdadero amor es comprender que tiene que partir y acompañarlo a irse en paz.

Es quizá el ejercicio más importante de amor y confianza en la vida que vas a hacer nunca. Pero uno de los más importantes, porque habrás aprendido a priorizar el camino, los tiempos y las necesidades de quien amas a las tuyas, en el momento —quizá— más crucial de su vida.

Y en ese momento confiar en la vida:

- Confiar en lo que está siendo tal y como es, aunque no puedas comprenderlo.
- Confiar en los planes del alma de cada persona.
- Aceptar la realidad para poder actuar de la manera más favorable posible y ayudar.
- Comprender que no se puede controlar el momento de la vida y de la muerte.
- Aceptar con tu amor más puro lo que está siendo.
- Prestarte para acompañar en la transición a quien se va.
- Agradecer cada uno de los momentos compartidos y vividos.
- Darte permiso para soltar, y darle permiso para partir.

No sé si te servirán estas líneas o me sirven a mí, pero he sentido dejarlas aquí para acompañarnos a afrontar con más alma los momentos más difíciles que nos tocará vivir, y ayudar desde nuestro amor a hacer las transiciones con más conciencia y sentido, confiando en la vida y en su proceso.

«No puedes despedirte de quien siempre va contigo», me dijeron una vez. Y así lo siento: las personas a las que amamos y despedimos se quedan con nosotros acompañándonos en nuestro camino. Confía en que este proceso doloroso es solo una transición, también dolorosa, hacia otra forma, pero no desaparece. Recuerda acompañarte en el camino, cuidarte y regalarte tus tiempos para procesar y afrontar lo que estás viviendo. Con amor y autoamor. Pedir ayuda, buscar apoyo y transitar todas tus emociones.

No estamos preparados para afrontar el final de la vida, pero podemos aprender a hacerlo más amable y con más conciencia desde el amor a esas personas y desde el amor a la vida tal y como es.

Ama. Respeta. Agradece. Suelta. Confía.

Confía, todo está bien.

Hágase estas dos preguntas:

- ¿Recuerdo en todo momento que estoy muriendo, y que todas las demás personas y cosas también mueren, de modo que trato a todos los seres en todo momento con compasión?
- Mi comprensión de la muerte y de la impermanencia, ¿es tan aguda y urgente que dedico hasta el último segundo a la búsqueda de la Iluminación?

Si puede responder «sí» a estas dos preguntas, entonces ha comprendido de verdad la impermanencia.

Sogyal Rimpoché

Sanar no es lineal,

confía en el proceso

Cinco pasos adelante, tres pasos atrás,
para volver a dar dos adelante.
Tiempos de descanso, retroceso y decepción.
Volver a avanzar.
Tu proceso de sanación no es una línea recta,
pasa por muchas fases.
Cuando crees que algo está superado, sanado vuelve a doler.
Es normal, eres humana, y estás aprendiendo a vivir.
Vive con aceptación cada parte del proceso,
y ámate en todas tus fases.

Desde los cimientos de mi propio yo, surjo.
Desde las cenizas de mi propio yo, surjo.
Vengo caminando a través de las edades
sin reconocerme
y siempre soy yo.
He hecho un largo camino para encontrarme,
he hecho un largo camino y me encontré.
Soy quien siempre he sido y es.
Desde el fondo de mí misma me estaba esperando.
Soy quien siempre fui
pero no me veía.
Soy quien siempre fui
pero no me oía.
¿Cómo pretendo sentir si no me creo?
¿Cómo pretendo creer si no me amo?
¿Cómo pretendo amar si no me siento?
Desde los cimientos de mi propio yo, surjo.
Desde la eternidad vengo.
Tanto tiempo estuve inventándome
y siempre estaba ahí.
Desde el fondo de mí misma,
surjo.

María Adela Palcos

MANTRAS PARA CONFIAR CUANDO TODO SE DERRUMBA

- Abrazo las cosas que suceden en mi vida como oportunidades para crecer.
- Confío en que todo lo que llega me está trayendo algo que necesito.
- Me entrego a lo que es y fluyo con ello.
- Elijo vivir la experiencia en lugar de resistirme a ella.
- Confío en el aprendizaje de cada parte del proceso.
- Respiro profundo y confío en que la vida me sostiene, pase lo que pase.
- Todo está bien en mi mundo.
- Si siento tristeza, abrazo la tristeza y la dejo transformarme y regalarme su mensaje. Después le agradezco el mensaje y la dejo ir.
- Me respeto y me amo también en este momento con todo lo que siento tal y como soy.
- Me permito los espacios que necesite para vivir esta experiencia con amor y respeto a mí. Todo está bien.
- Me regalo apoyarme en otras personas cuando lo necesite para sentirme más fuerte.
- Acepto que no tengo por qué poder con todo y está bien así.
- Me permito caer, sentir lo que siento, vivir la experiencia aunque me parezca complicada, reponerme y volver a levantarme más fuerte. Todas las veces que sean necesarias.

- Confío en que todo lo que está pasando me llene de un aprendizaje que me transformará si me abro a ello y lo permito.
- Comprendo que sanar no es lineal, y puedo retroceder para seguir adelante.
- Me permito ser calma en medio de la tormenta.
- Me permito ser luz en medio de la oscuridad, comprendiendo que esa oscuridad ha sido el camino hacia mi luz.
- Me permito vivir la experiencia del dolor tal y como es y me abro a que esta me transforme.
- Me abro a compartir con el mundo mi aprendizaje y confío en mí para transformar el dolor en amor, el dolor en maestría, y ayudar al mundo desde ahí.
- Gracias, gracias, gracias.
- Confío, todo está bien.

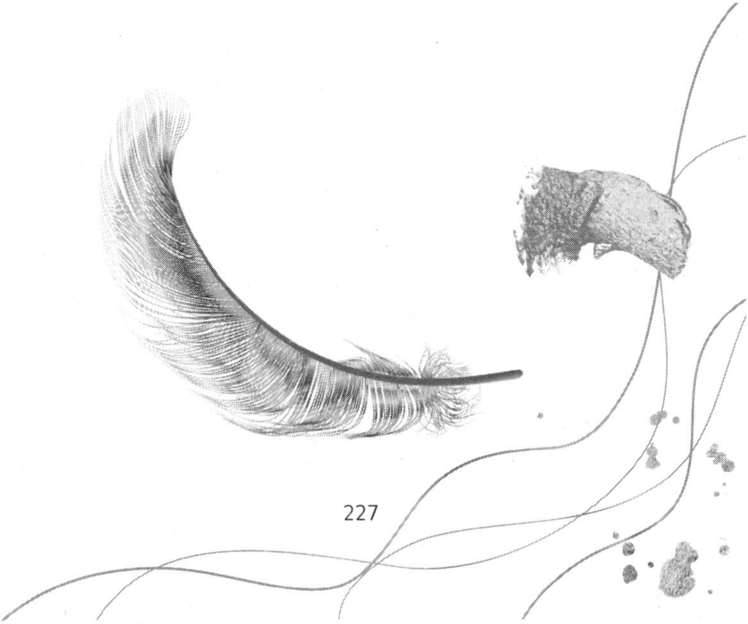

Dicen que antes de entrar en el mar, el río tiembla
de miedo... mira para atrás todo el camino recorrido,
las cumbres, las montañas, el largo y sinuoso
camino que atravesó entre selvas
y pueblos, y ve enfrente un océano tan extenso,
que entrar en él significaría desaparecer
para siempre.

Pero no existe otra manera. El río no puede volver.
Nadie puede volver. Volver es imposible en la
existencia. El río necesita aceptar su naturaleza
y entrar al océano. Solamente entrando
en el océano, el miedo desaparecerá,
porque solo entonces el río sabrá que no se trata
de desaparecer en el océano, sino de convertirse
en océano.

Khalil Gibran

Todo está bien

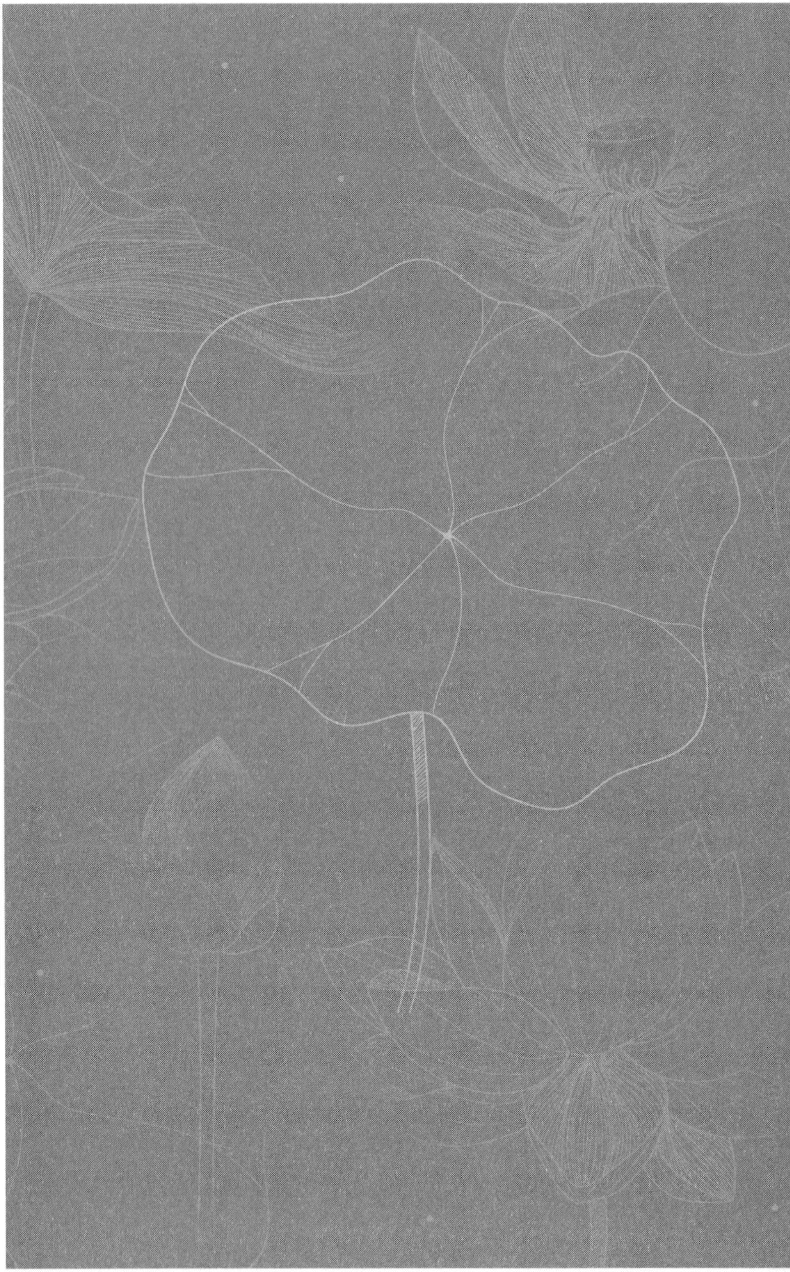

Herramientas para entrenar tu confianza en la vida y en ti

Como en todos mis libros, quiero regalarte algunas herramientas que te ayuden a llevar a la práctica la confianza que necesitas para vivir más bonito.

Son ocho herramientas muy sencillas que te pueden generar cambios.

Ponerlas en práctica te ayuda a incorporar en tu vida la confianza en la vida y en ti, partiendo de que es algo muy personal y que se desarrolla poco a poco.

Espero que te sirvan, te ayuden y que desde hoy seas tú quien se las enseñe a otras personas para crear entre todos una vida más plena y llena de confianza y bienestar.

Estas son las ocho herramientas que desarrollaré a continuación:

1. Autorreferencia.
2. Del miedo al amor.
3. La caja mágica.
4. Mirar con ojos de confianza.
5. #Momentosconfía.
6. Meditaciones para confiar.
7. Acciones para volver a la luz.
8. Dafo del alma.

1. AUTORREFERENCIA

Más que una herramienta es un recordatorio que no debes pasar por alto. Nada de lo que te ocurra a ti tienes que vivirlo como lo viven los demás (y viceversa).

Eres tu única referencia para contrastar lo que sientes, cómo sientes, intensidad, profundidad y tiempo. Esto resulta muy importante para no compararte con los demás o invalidar tus emociones. Si ya es difícil en estado normal, cuando sufres resulta más doloroso aún; no solo sufres por lo que te ha pasado (y cómo lo interpretas); también por cómo «se supone» que tenías que sentir y actuar en este momento. Esta comparación te hace a veces más daño que el acontecimiento en sí mismo. Por eso recuerda que la referencia emocional principal de tu vida eres tú.

Mi referencia soy yo con mis tiempos, mis procesos y mi forma de vivirlo. Todo está bien.

2. DEL MIEDO AL AMOR

Entre el miedo y el amor estás tú, siempre estás tú.

Tu vida se mueve entre esos dos extremos imperfectos, y bailas de uno a otro apenas sin darte cuenta. ¿Cómo saber dónde estoy? Según sea el resultado, desde ese lugar habrás actuado o decidido.

En el amor te sientes en calma, confiado y expandido. Percibes que estás en el lugar correcto, que el universo juega a tu favor. En el miedo te sientes inseguro, desconfiado y con falta de claridad. Te parece que el universo juega en tu contra.

Cuando decidas, cuando sientas oscuridad, inseguridad o preocupación, recuerda hacerte esta pregunta:

¿Estoy en miedo o estoy en amor?

E intenta caminar hacia el lado del amor para calmar tu corazón y sentir más bonito.

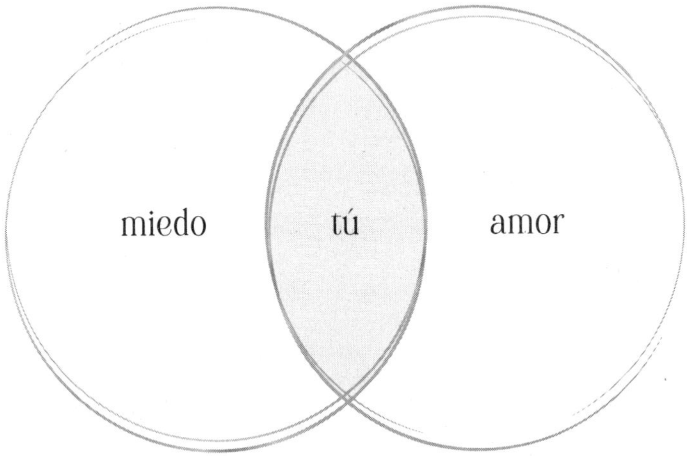

3. LA CAJA MÁGICA

Hace mucho tiempo que en mi salón hay una cajita de madera llena de conchas de la playa que se ha convertido en mi caja mágica. Comparto la herramienta contigo por si te ayuda:

Elige una caja que sea bonita para ti, puedes decorarla a tu gusto si así lo deseas. Ponle arriba un cartelito o escribe con un rotulador: suelto y confío.

Cada vez que algo te preocupe y no puedas hacer más para resolverlo, escríbelo en un papel de la siguiente manera: gracias por X (gracias por resolver este tema de la manera más favorable para mí o gracias porque el resultado de mi prueba médica salga favorable).

Mete el papel en la caja, respira, agradece y suelta. Es un ejercicio práctico de soltar como si al meterlo ahí esa preocupación saliera de tu zona de «necesidad de controlar» y pasara a la zona de «confiar».

Parece un ejercicio muy fácil, de hecho lo es, pero tiene un efecto bastante positivo, te genera mayor bienestar y confianza.

4. MIRAR CON OJOS DE CONFIANZA

Tienes en tu poder una herramienta maravillosa para cambiar tu mundo:

La interpretación de lo que pasa.

El significado que le das a lo que estás viviendo, que te hace vivir lo que pasa con ojos de confianza. Es la misma realidad, pero una mirada diferente la convierte en otra. Te invita a explorar una forma de relacionarte de una manera más bonita con la vida, y contigo, reduciendo el malestar y la necesidad de control. Aquí van algunos tips (en función de la situación, unos son más aplicables que otros):

- Mirar lo que pasa con ojos de oportunidad.
- Verlo como comienzo y no como final.
- Relativizar para disminuir el impacto emocional.
- Aceptar lo antes posible lo que pasa para actuar.
- Resignificar la experiencia ¿de qué otra forma podría verlo?
- Pasar de «por qué me pasa esto a mí» a «para qué ha llegado esto a mí».
- Descubrir en este proceso tu humanidad más profunda, tu sensibilidad, tus miedos, tu amor, tu necesidad y tu vulnerabilidad.
- Vivir el duelo del momento y acompañarte aquí y ahora, dándote el tiempo necesario para transformarte y renacer.
- Sea lo que sea que estés viviendo, mirar con la certeza de que tiene un comienzo y un final, y esta experiencia te hará diferente.
- Descubrir gracias a esta situación quién está de verdad contigo.
- Confiar en esta situación como maestra para ti, ¿qué te muestra, qué te enseña, qué puedes hacer de forma diferente?
- Agradece el aprendizaje de lo que estás viviendo porque ya te ha cambiado.
- Suelta la expectativa de lo que debería ser y sigue adelante según lo que está siendo. Y desde esta aceptación incondicional, actúa.
- Gracias, gracias, gracias a lo que está siendo tal y como es y a ti mismo por afrontar la realidad desde el amor y con amor.

5. #MOMENTOSCONFÍA

Esta actividad te ayudará a creer en la magia de la vida y en tu intuición cada día un poco más. Busca en la historia de tu vida esos hechos críticos y/o mágicos que en el momento no pudiste entender desde tu mirada lógica, pero que cuando pasó el tiempo y miraste atrás, dieron paso a otro acontecimiento favorable para ti. Pon luz a esas experiencias del pasado para comprender el presente y si llegan en el futuro, verás que abren nuevos caminos para ti. Confía en lo que llega y en lo que se va. Te dejo este ejemplo:

Lo que no salió como esperaba	Lo que esa situación me regaló después
Mi pareja me dejó cuando menos lo esperaba y se me acabó el mundo	y después conocí a la persona correcta para ese momento
Después de diez años mi empresa prescindió de mí y no sabía qué hacer	y después comencé un curso que no había planeado y ahora me dedico a eso
De pronto me sentí perdido durante muchos meses sin saber qué hacer con mi vida	y de pronto llegó una oportunidad inesperada que me llevó hasta donde estoy hoy

6. MEDITACIONES PARA CONFIAR

Meditación para la confianza en la vida	Meditación para la confianza en ti	Mantras para confiar en ti

7. ACCIONES PARA VOLVER A LA LUZ

Cuando no sepas qué hacer para volver a tu luz, a conectarte contigo y regresar a tu calma, busca en esta lista lo que más te resuene en este momento y hazlo. Recuerda que necesitas hacer algo diferente para sentirte diferente. Confía en ti y en el poder de las herramientas que tienes a tu disposición aunque a veces no puedas verlas, pero siempre están ahí para ti.

♥ Conéctate con la naturaleza

Eres alma, cuerpo, espíritu, mente, corazón.

Conéctate con la naturaleza que te equilibra para volver a tu centro cuando no seas tú, cuando te pierdas o cuando necesites luz.

Pies en la tierra. Manos abiertas. Acariciar los árboles. Oler las flores. Sentir el aire. Escuchar el mar. Vivir lejos de eso nos hace morir un poco cada día, y abrirte a ella te devuelve la energía que habías perdido.

Pregúntate qué necesitas y regálatelo.

♥ Respira

Respirar es más de lo que parece. Es una herramienta que usada de forma consciente en momentos clave te ayuda a equilibrarte. Respirar profundamente te regala calma y bienestar, reduce la ansiedad y la percepción del dolor, y mejora la gestión emocional. Respirar profundamente también ayuda a regular el sistema nervioso parasimpático para estimular un estado de relajación: el corazón entra en calma, así como la mente.

Prueba la respiración cuadrada, 4-4-4-4, para empezar a ver en ti cómo te cambia la mente, el cuerpo y el corazón con la respiración; 4 segundos para inhalar, 4 segundos para retener, 4 segundos para exhalar y 4 segundos para retener de nuevo. Con los ojos cerrados visualiza una luz dorada recorriendo un cuadrado perfecto, mientras respiras. Y después de unos segundos, todo se ve diferente.

♥ Pon tu atención en lo que va bien

Dijo Jon Kabat Zinn que lo importante no es a qué prestas atención, sino cómo la prestas. También decía que «por muy difíciles que sean las circunstancias que se están viviendo, en cada uno de nosotros hay más cosas que van bien que cosas que van mal». Tienes el poder de poner tu atención, que es tu energía, donde elijas. Equilibrar tiene mucho de saber mirar; cuando tengas la sensación de que en tu vida todo está mal, prueba a mirar qué hay en ella que va bien. Quizá no sea suficiente para calmar lo que sientes, pero te ayudará a ver que no todo es tan oscuro como lo sientes ahora mismo y que en tu vida hay cosas que funcionan.

♥ Medita

Una de las formas más accesibles para conectarte contigo, y con tu luz y paz interior, es a través de la meditación. Algunos de los beneficios que tiene para ti es que mejora la salud emocional y aumenta la felicidad, reduce la tensión y el estrés, aumenta la conciencia personal, alivia la ansiedad y la depresión, y, en definitiva, te permite centrarte en tu luz y mantener tu paz interior. A su vez, meditar modifica la naturaleza de tu cerebro, disminuyendo el volumen de la amígdala (miedo, estrés) y aumentando las zonas relacionadas con la compasión y el amor. Crea cada día un espacio para encontrarte contigo y meditar unos minutos . Así te ayudarás a sentirte en tu luz.

♥ Haz cada día tu práctica espiritual

Cada día busca un espacio para conectar de verdad contigo. Puede ser un minuto o una hora, el tiempo que necesites y tengas disponible cada día. Te invito a atender estos cuatro pilares de tu vida y que cada día antes de dormir te hagas estas preguntas:

- ♥ ¿He trabajado hoy mi mente y trascendido mis creencias?
- ♥ ¿He nutrido hoy mi cuerpo y le he dado movimiento?
- ♥ ¿He abrazado mis emociones y les he dado espacio?
- ♥ ¿He cultivado mi espíritu y he canalizado mi creatividad?

Si hay algo que puedas mejorar, recuerda que tienes cada día una oportunidad para hacerlo con más amor hacia ti.

♥ Escucha música

¿Alguna vez has sentido cómo la música te ha salvado? La música tiene ese poder, de llevarte a otros lugares y conectarte con emociones bellas, o llenarte de energía y alegría. También de tristeza y melancolía. Elige la música perfecta para lo que necesitas y fluye con ella, llenándote de cada nota. Según algunas investigaciones, la música sana el corazón (literalmente); treinta minutos de música al día ayudan a mantener niveles estables de presión sanguínea, palpitación del corazón normal y a reducir el estrés. La música también te reconecta con la belleza de la vida y con la energía con la que fue creada. Siéntela y déjala llenarte de luz.

♥ Conéctate con la creatividad

La esencia de tu alma es la creación. Así comprenderás cuánto bien te haces a ti misma si te regalas espacios para ser desde ahí; pintar, dibujar, colorear, lo que necesites, haciendo sin mente y con el corazón. Sentirte creando te conectará con tu luz y te llenará de bienestar. No infravalores tu parte creadora porque todo lo que hay en tu vida es la extensión de esa parte de ti. PD: no olvides disfrutar.

♥ Mueve tu cuerpo, baila, siéntete

El movimiento consciente, la danza, la biodanza, el movimiento libre de tu cuerpo, todo lo que te ayude a canalizar lo que sientes y a expresarlo, es sanador para ti. Regálate espacios para expresar y mover tu cuerpo como necesites y conectarte contigo a través de esta herramienta tan bella como libre. No hay movimientos adecuados o inadecuados; lo que salga de ti es perfecto. Disfruta.

♥ Escribe

Como escritora, una de las herramientas que más he usado en mi vida para conectarme conmigo y ganar claridad ha sido escribir. De hecho es lo que hago desde que tengo uso de razón, y lo que te invito a hacer a ti. No hay reglas ni formas perfectas. Solo escribir, escribir y escribir. Como si nadie lo fuese a leer nunca, así que no importa cómo, solo qué. Escribir te aporta claridad, honestidad y apertura a ti, por tanto, se vuelve terapéutico. Escribe para encontrarte y darte luz.

♥ Visualización energética

Me encanta utilizar todas las herramientas que nos pueden hacer bien y mezclarlas con la ciencia; es parte de mi forma de entender al ser humano. Hace tiempo que uso esta herramienta y me ayuda mucho cada día. La comparto contigo por si te hace bien usarla.

Ver que formamos parte del todo nos hace sentir sostenidos y a salvo, incluso en los momentos más duros. Cuando lo necesites, cierra los ojos y observa cómo una esfera de luz y energía brillante te rodea. Puede ser blanca, dorada, o del color que te venga en ese momento, siente cómo esta esfera de energía y luz te protege, te sostiene, y a la vez te conecta con cielo y tierra. Puedes repetir el mantra «todo está bien» si te hace sentir mejor, o el mantra que siempre te acompaña.

Esta visualización la puedes usar en cualquier momento, estés donde estés, para proteger tu energía y sentirte a salvo. Espero que te ayude.

♥ Ayuda a tu biología

Nuestro interior es energía y química, y tienes la posibilidad de ayudar a tu cuerpo para que se sienta mejor cada día. La neurociencia ha descubierto que hay sustancias que cuando están en niveles óptimos, favorecen el bienestar y la felicidad, como la endorfina, la serotonina, la dopamina y la oxitocina. A través de nuestra acción consciente podemos favorecer la estimulación de estos neurotransmisores y sentirnos mejor. Te invito a profundizar sobre ello para ser uno con tu cuerpo y ayudarte a sentirte bien contigo. Te dejo aquí unas claves para que las conozcas un poco mejor:

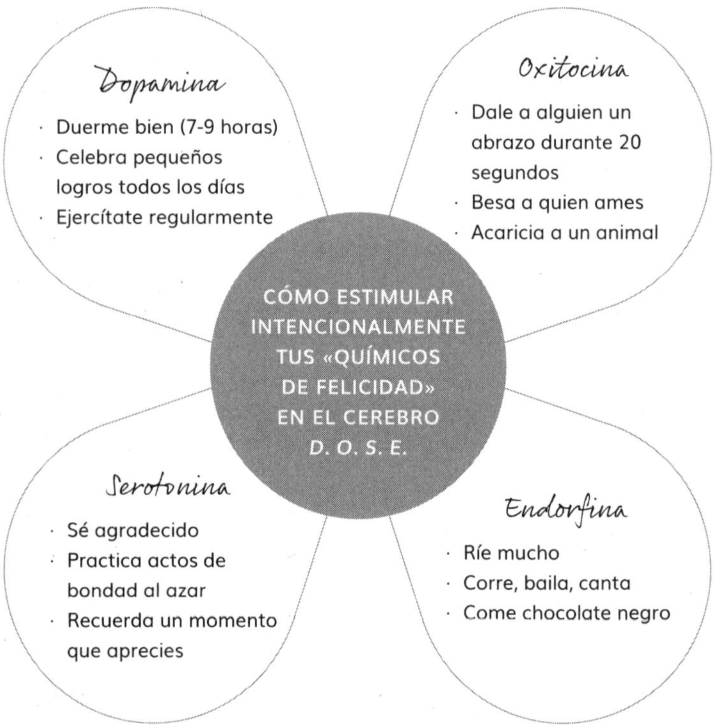

♥ Abraza y déjate abrazar

«El amor todo lo cura, y a ti también», escribía en mi libro *Autoamor*. Cuando atravesamos momentos de oscuridad nos sentimos más solos que nunca. Es justo ahí cuando más necesitamos una mano que nos acompañe en la travesía, y si la tienes, acéptala. Abraza y déjate abrazar en los momentos difíciles, porque ese abrazo te reconforta más que mil palabras. Solo cierra los ojos y siente el amor que te llega a través de la energía de la otra persona, que te está diciendo «te quiero» sin hablar. Eres merecedora de que te cuiden y te acompañen en los momentos difíciles. Recíbelo con amor.

♥ Habla

Hay momentos en los que necesitamos hablar para clarificar lo que sentimos, nuestras preocupaciones y miedos. Expresar verbalmente te ayuda a darle forma a lo que está en tu cabeza y así ordenar. El maravilloso regalo de las amigas y amigos es sin duda ese lugar en el que podemos expresar lo que nos preocupa y ser nosotros mismos, en compañía. Hablar reduce el dolor, el miedo y el temor. Y las preocupaciones se hacen más pequeñas cuando las compartes. Hablar cura y callar mata. Permítete un entorno de confianza donde puedas contar lo que necesitas.

♥ Elige a un profesional que te acompañe

Hay partes de nuestra vida que no podemos ver con claridad y los ojos externos pueden ayudarnos a comprender. En este caso, ojos profesionales, muy conectados al corazón, para que puedan comprenderte y acompañarte/guiarte en este proceso. Habrá ocasiones en las que necesites un psicólogo, psiquiatra o terapeuta, otras veces una ayuda más energética o espiritual; todo está bien, siempre que seas consciente de qué necesitas. Busca la ayuda y acéptala si llega a ti. Nadie es todopoderoso y todos necesitamos de unos ojos que nos vean desde fuera para ayudarnos a crecer, avanzar y evolucionar. Siéntete afortunado de poder tenerlo.

8. DAFO DEL ALMA

Muchas de las muertes para renacer que nos regala la vida son llamadas para renacer diferente, para hacer espacio a lo que antes no cabía y para escuchar a esa parte de ti que no tenía voz.

El Dafo del alma es una herramienta de creación propia que te ayudará a hacerte las preguntas correctas cuando así lo necesites, porque sientas que es el momento de escuchar y de hacer espacio a lo que de verdad eres.

Siéntate en un lugar tranquilo.

Cierra los ojos, respira profundo y conéctate contigo.

Responde las preguntas de la herramienta con total honestidad para ti, a tu ritmo y reflexionando sobre cada una de ellas.

Cuando las tengas, genera un espacio de cambio.

Reflexiona sobre cómo puedes convertir las amenazas en oportunidades y las debilidades en fortalezas. Y el análisis CAME:

(**C**orregir) mejorar y equilibrar las debilidades.
(**A**frontar) gestionar conscientemente las amenazas.
(**M**antener) potenciar tus fortalezas y creer en ellas.
(**E**xplotar) potenciar y saber identificar las oportunidades.

Y confía en el proceso, en tus propios tiempos, en tu esencia única y confía en ti.

D. A. F. O. DEL ALMA

Fortalezas

- ¿Qué te sientes llamada a ser y hacer?
- ¿Qué te genera felicidad y plenitud?
- ¿En qué brillas?

Debilidades

- ¿Cuánto te pesan los «debería»?
- ¿Cuánto espacio ocupan tus miedos?
- ¿Cómo de conectada te sientes de verdad contigo?

Oportunidades

- ¿Qué sientes que necesita el mundo de ti?
- ¿Qué puedes aportar al mundo?
- ¿Cómo podrías vivir más en coherencia con quien de verdad eres?

Amenazas

- ¿Cómo te afectaría la opinión del mundo si hicieras lo que sientes?
- ¿Cómo guía tu vida el exterior?
- ¿Qué pasaría si lo perdieras todo y volvieras a empezar?

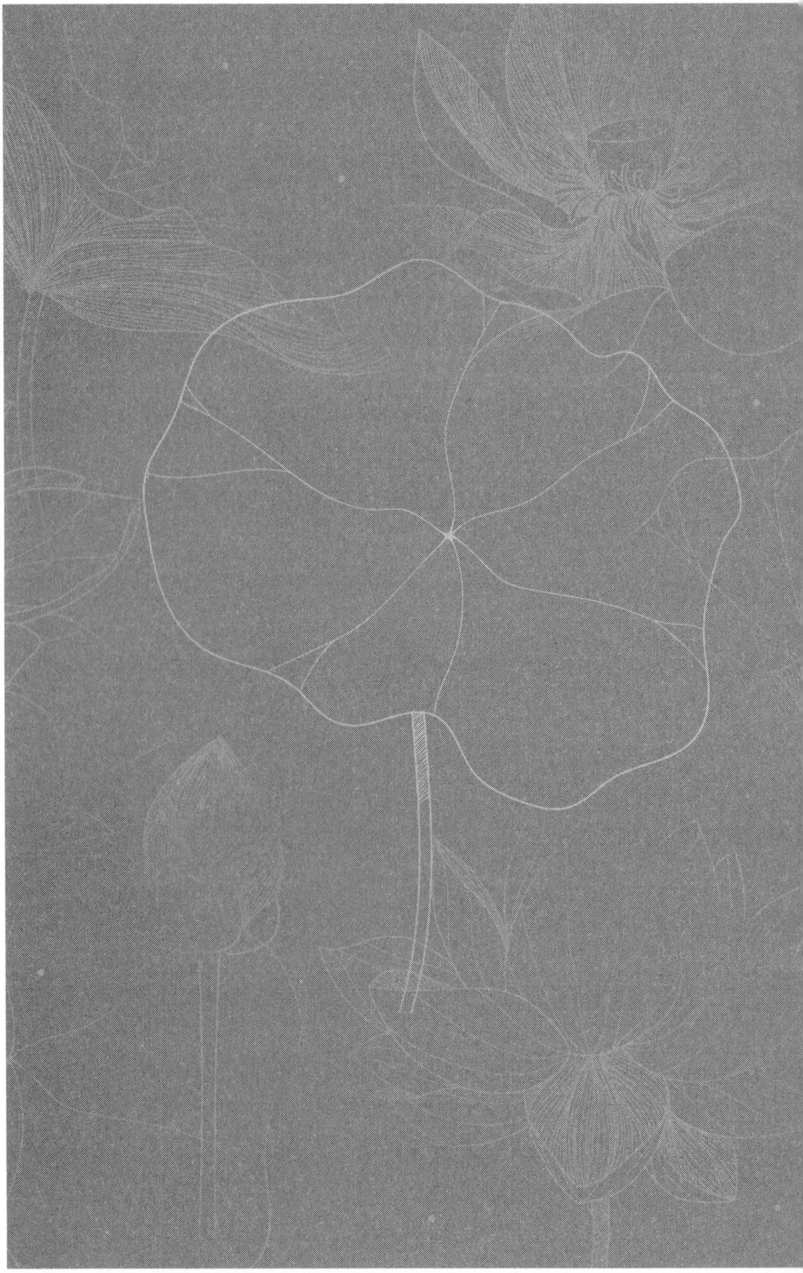

Historias inspiradoras para confiar

LA VIDA ES UN MAR DE OLAS

Dicen que cuando te arrastra una ola, lo peor que puedes hacer es nadar contracorriente. Cuando la ola te arrastra, te hunde, incluso puede parecer que te ahoga. Sin embargo, la naturaleza de la ola es llevarte a la superficie cuando no te esfuerzas por combatirla.

La esencia del ser humano siempre es la supervivencia, por eso en automático tendemos a luchar sin pensarlo.

Lo hacemos con la ola, y también con la vida.

Y a veces lo mejor que podemos hacer es no hacer nada.

La vida, como la ola, en ocasiones nos arrastra, nos hunde y nos ahoga. En ese instante respira profundo y recuerda que quizá es momento de no hacer nada, porque al igual que el mar crea la ola y la destruye, la vida crea el caos y lo transforma en calma cuando menos lo esperas.

Como si fuera una ola: cierra los ojos, confía, sé parte del caos, y cuando estés en la calma, respira y aprende de lo que has vivido.

Ya eres diferente.

Has crecido.

LA VIDA VA DE MORIR MUCHAS VECES EN LA MISMA VIDA

¿Has visto alguna vez cómo mueren los árboles para volver a renacer?
Tras la vida frondosa llena de belleza y resplandor, llega una muerte lenta que le hace perder todo lo que había creado.
El árbol, lejos de llorar la pérdida, se ama en su nueva belleza, despeinado de adornos y quizá más árbol que nunca.
En su silencio se prepara para un nuevo renacer con nombre de primavera.
Nosotros podemos hacer lo mismo.
Amarnos en la belleza de tenerlo todo y también en la otra belleza de perder lo que creímos que alguna vez fue nuestro.
Aquí quizá somos más puros, más limpios y más verdad, cuando no tenemos adornos.
Y aprender a esperar en calma y llenos de confianza un nuevo florecer.
Porque siempre llega.
Y otra vez. Y otra más.
La vida nos pide nacer y morir muchas veces mientras estamos aquí.
Vívelo como lo hace el árbol; amándote en todos los tiempos.

IMPERMANENCIA

En mi viaje a Nepal me contaron que los monjes budistas entrenan la impermanencia creando belleza sin apegarse a ella: crean bellos mandalas de arena de colores, centímetro a centímetro, durante días de máxima concentración y atención plena, y a veces semanas. Cuando por fin lo acaban, lo destruyen, como símbolo de desapego y de que la belleza es impermanente, así como lo es la vida. Les enseña también su humildad frente al cosmos y que lo único permanente es el cambio.

Sabemos que nada es para siempre. Sin embargo vivimos como si todo lo fuera.

Nos cuesta vivir lo que está, vivir lo que se va y volver a empezar cuando ya no está.

Aplicable al amor, a las relaciones, a los proyectos, a la muerte, a la vida.

Nada es permanente. Tampoco tú ni esto que sientes ahora mismo.

Vive lo que es mientras está, agradécelo cuando se va y prepárate para lo que está por llegar.

La vida es así todo el tiempo, ¿por qué nos sigue sorprendiendo?

Mirar la vida con ojos de gratitud nos ayudaría a vivirla desde el amor y a dejar ir desde el amor. Lo que hacemos es vivirla desde la posesión y dejar ir desde el dolor.

La impermanencia te hará libre.

Nada es para siempre. Ni tú tampoco.

Ama este momento.

Vuélvete a conocer constantemente.

EL MILAGRO DEL HORIZONTE

Cuando caminas mucho tiempo con la mirada en el suelo, quizá estás evitando tropezar, pero te estás perdiendo el paisaje de alrededor, y la vista en el horizonte de tu destino.
Es curioso, pero la mayor parte de nuestra vida es así.
Centrados en el hacer, en ejecutar correctamente lo que nos han encomendado, en conseguir lo que nos han encargado, tanto que cuando acaba el día descubrimos que apenas hemos tenido tiempo para mirar al de al lado. Y mucho menos a nosotros mismos.
Y de tanto mirar hacia abajo, nos estamos perdiendo la vida que nos rodea, las personas que comparten nuestro camino y la magia del horizonte, que es lo que en realidad nos inspira a caminar.
Por eso, cuando te pierdas, cuando te canses, cuando no sepas qué haces aquí, prueba a levantar la mirada. Al levantar la cabeza te encontrarás con algo más infinito que tú, y que eso que haces cada día. Algo infinito que te recuerda que tú también lo eres. Que hay camino, que hay posibilidades, que hay esperanza.
Tu vida se llena de oxígeno y tu cuerpo de vida cuando miras allí.
Parar, a veces, es el mejor regalo que puedes hacerte para llegar lejos.

EL INVIERNO NO DURA ETERNAMENTE

Hay épocas en las que el mundo te agota, el dolor te apaga
y la vida te deja sin respiración.
Hacer como que no pasa nada, no ayuda al mundo, ni a ti.
Parece que sí, pero no.
En esos momentos puedes hacer como si la vida fuera
un partido y salieras a jugar.
Los jugadores también necesitan tiempo de descanso.
Lo que de verdad te ayuda es ser honesto contigo, pedir tiempo,
resetearte, cambiar tu energía y volver a la pista de juego
para seguir el partido.
Y sí, a veces la vida te pide que además cambies de partido,
de equipo o de juego.
Y está bien si así lo sientes.
Y en cada nueva etapa recuperas la energía para volver a jugar.
Que siga el juego.

BAILAR CON LA VIDA

Observa al junco moverse con el viento en la orilla de un río. El viento lo reta a mantenerse en pie, y el agua lo deforma mientras sigue su camino. Unas veces con fuerza, otras suave, pero siempre agua.

El junco se mantiene en su forma, en su esencia, aunque acepte bailar con el viento y bañarse con el agua que el río le ofrece.

Vuelve. Siempre vuelve.

Ahora imagina que el junco eres tú. Que la naturaleza de la vida te hace bailar con lo inesperado, vistiéndote de miedos cuando no sabes dónde vas.

A veces el baile parece infinito, pero en el fondo de ti sabes que no lo es; nada lo es.

Y entonces llega la calma. Vuelves a tu paz, a tu sitio, a tu esencia. Sabiendo que ya estás preparado para el próximo baile, porque en cada baile aprendes nuevos pasos para moverte con el viento, con lo que llega, con lo que no conoces. Con la certeza de que pase lo que pase tú siempre eres casa.

LA NOCHE OSCURA DEL ALMA

Dicen que los seres humanos vivimos varias noches oscuras del alma.
Momentos en los que la oscuridad más absoluta se apodera de nuestro ser.
Desde la razón sentimos que algo dentro muere.
Desde el corazón también.
Parece un momento sin salida, un camino sin fin, y en extremo, nos lleva a cuestionar qué hacemos aquí.
En la oscuridad no podemos tomar decisiones, porque no podemos ver.
En la claridad podemos pensar; en la oscuridad, solo sentir.
Cuando la vivas, recuerda esto:
La noche es necesaria para que vuelva a salir el sol.
La muerte es necesaria para que exista el nacimiento.
Las noches oscuras del alma terminan con partes de ti que ya no te sirven para renacer en tu verdad. Los cambios profundos vienen acompañados del dolor de dejar ir. Al igual que la serpiente muda su piel, tú mudas partes de ti en cada evolución, soltando máscaras y quedándote con tu verdad.
Recuerda vivir esas noches oscuras confiando en el nuevo nacimiento que llega tras la muerte.

RECARGA TU CUERPO

Cuando tu teléfono móvil tiene baja la batería, corres a buscar un enchufe para ponerlo a cargar. Incluso a veces, con miedo a que se apague del todo y te quedes incomunicado. Pues así contigo; al igual que lo haces con tu móvil o tu tableta, necesitas recargar tu energía para estar bien y poder seguir comunicado.

Y está bien sentir esto, puedes permitírtelo.

De hecho, todo el mundo tendría que permitírselo.

Dormir es una forma natural de cargar energía, pero en ocasiones hasta eso falla cuando nos sentimos presionados o con problemas que nos «quitan el sueño».

Hay quienes necesitan a otras personas para equilibrarse, y otras necesitan hacerlo en espacios de soledad. Todo está bien, solo tienes que saber qué necesitas tú.

Cuando sientas que el mundo te cansa, que estás desconectado de ti, que hay demasiado ruido, o simplemente estás agotado, es el momento de conectarte contigo y recargar tu batería.

Espacios a solas, meditación, movimiento corporal, ejercicio, días sin relacionarte..., lo que necesites para respetarte y conectarte contigo. Un reseteo emocional necesario para todos pero que no todos saben que lo necesitan. Regálatelo.

TUS FUGAS ENERGÉTICAS

Cuando coges el agua con las manos, eres capaz de ser jarra o cuenco, beber de ellas, incluso dar de beber a otros. Sin embargo, si separas los dedos, el agua contenida se pierde y con ella la posibilidad de nutrirte tú y de nutrir a otras personas.

Lo mismo pasa con tu energía.

Cuando vives lo que no eres, haces continuamente algo que no sientes o que va en contra de tu corazón, o no escuchas lo que te dice tu cuerpo o tu alma, pierdes energía. Es como tener los dedos abiertos y dejar escaparse a cada momento lo que esa energía puede llenar en ti. Y a la vez, lo que puedes aportar a los demás. Ser humano implica transitar un camino en el que nos olvidamos de nosotros mismos, hacemos sin sentir y vivimos sin vivir, pero también implica darnos cuenta de que todo puede ser diferente y repararlo.

Siente cómo la energía fluye en ti sin necesidad de irse, cuando haces lo que sientes y cuando te sientes en coherencia contigo.

Si alguna vez lo has sentido, ya sabes que es posible.

Existe, se siente, puedes.

Llena tus manos de agua y da de beber al mundo con todo lo que hay en ti.

LOS CUATRO MARAS BUDISTAS PARA ENTENDER LA OSCURIDAD

- Tenemos adicción a evitar el dolor. Hacemos lo que sea para esconderlo, enmascararlo o huir de él *(devaputra mara)*.
- Luchamos por reconstruirnos cuando nos rompemos, sin dejar espacio para descubrir nuestra verdad *(skhananda mara)*.
- Inflamos las emociones al resistirnos a ellas en lugar de dejarlas ser *(klesha mara)*.
- Vivimos con miedo a la muerte y evitamos todo lo que tiene que ver con ella *(yama mara)*.

Bonus: historia

LA MUÑECA DE FRANZ KAFKA

A los cuarenta años Franz Kafka (1883-1924), que nunca se casó ni tuvo hijos, paseaba por el parque Berlín cuando conoció a una niña que lloraba porque había perdido su muñeca favorita. Ella y Kafka buscaron la muñeca sin éxito. Kafka le dijo que se reuniera con él al día siguiente y volverían a buscarla.

Al día siguiente, cuando todavía no habían encontrado la muñeca, Kafka le dio a la niña una carta «escrita» por la muñeca que decía: «Por favor, no llores. Tuve un viaje para ver el mundo, te escribiré sobre mis aventuras».

Así comenzó una historia que continúa hasta el final de la vida de Kafka.

En sus encuentros, Kafka le leía las cartas de su muñeca cuidadosamente escritas con aventuras y conversaciones que la niña consideraba adorables. Finalmente, Kafka le trajo la muñeca (compró una) que había vuelto a Berlín.

«No se parece en absoluto a mi muñeca», dijo la niña.

Kafka le entregó otra carta en la que la muñeca escribía: «Mis viajes me cambiaron». La niña besó a la nueva muñeca y la trajo feliz a casa.

Un año después, Kafka murió.

Varios años más tarde, la niña adulta encontró una carta en la muñeca. En la pequeña carta firmada por Kafka decía:

Todo lo que amas probablemente se perderá, pero al final el amor volverá de otra manera.

Y la sanación llega
cuando dejas de luchar
y te haces uno
con lo que es.

La vida estaba esperándote
para ese baile.

अहिंसा

Ahimsa

En sanscrito: no violencia y el respeto a la vida. Abstenerse de herir a nadie en pensamiento, palabra y obra. Y tampoco a ti misma.

No, no estás perdida. Estás viviendo una situación que no has vivido antes, y estás encontrando la forma para hacerlo mejor.

No, no estás rota. Estás creando una nueva forma de mirar la vida desde un nuevo tú, evolucionado.

Recuerda que estás viviendo una situación nueva para ti, y a cada segundo estás creando la manera de afrontarla de la mejor forma posible. Reconócete el esfuerzo, el camino, y el aprendizaje. Acompáñate en el viaje, en el ensayo y error, en el resultado.

No eres complicada. Estás viviendo una situación complicada.

Separa la situación que estás viviendo en este momento de quien eres. Tú eres más que lo que estás viviendo.

Amor y autoamor en el viaje de tu vida.

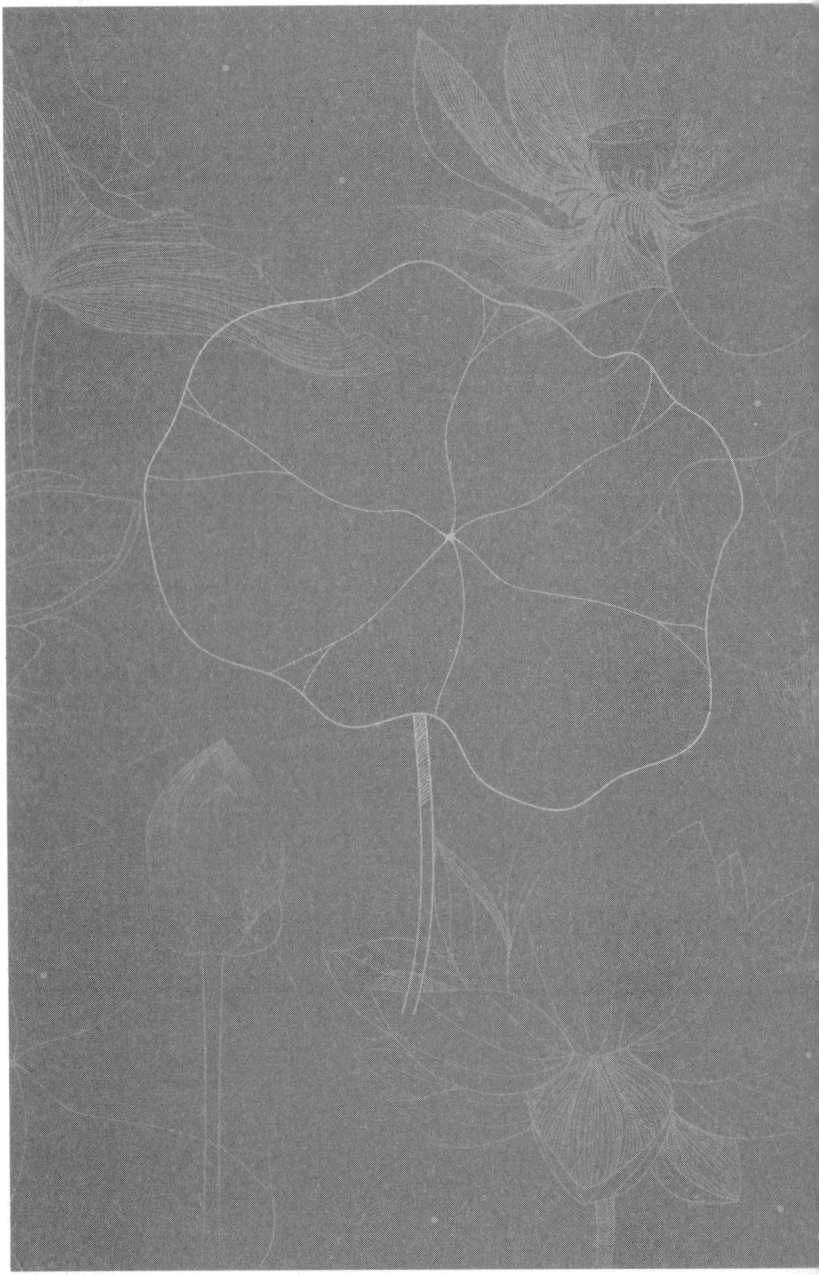

Mantras

Te invito a leer estos mantras y que los tengas a mano. Hay momentos en los que hacen magia, porque tu alma necesita estas palabras para sostenerte y acompañarte en el camino. Los puedes leer, te los puedes grabar y ponértelos, los puedes escribir con tu letra y dejarlos a la vista, y también —y esto es precioso— se los puedes leer a alguien que necesite escucharlos porque está en un momento difícil. Siéntete libre de compartirlos con quien lo necesite.

♥

Confío en lo que está siendo.
Me entrego a lo que es, sin miedo.
Me abro a lo que está siendo, y dejo que me transforme.
Sé que no estoy sola y que nunca lo estoy.
Me siento acompañada y sostenida en este momento.
Dejo salir la parte de mí que quiere expresarse
y vivo esta experiencia que me está haciendo crecer,
aunque ahora no pueda verlo.
Confío en la oscuridad como camino hacia mi luz.
Creo en mí y en mi proceso.
Confío. Me entrego. Soy.
Respiro y confío en que todo es perfecto así.
Amo el momento presente tal y como es.
Me abro a la experiencia de sentir lo que siento
sin modificar nada.

Confío en el proceso natural de las cosas,
en sus tiempos y en su forma.
Confío en la magia de la vida
Confío. Todo está bien.

♥

Estoy sanando.
Estoy confiando en mi cuerpo y en su capacidad
de sanación.
Me estoy fortaleciendo a cada instante.
Creo en los procesos de mi cuerpo para equilibrarse
y sanarse.
Yo soy luz y mi luz ilumina cada célula de mi cuerpo.
La vida se manifiesta a través de mí.
Agradezco la vida que tengo y mi camino.
Estoy sanando.

♥

Me permito el error.
Me permito los tiempos que necesite para entenderlo.
Para encajar, para comprender lo que está siendo.
Me permito vivirlo a mi manera y sostenerme.

Me permito la distancia, el espacio, el tiempo.
Y lo que necesite para estar bien.
Me permito no saber responder.
No saber gestionarlo, no saber todo.
Me permito la experiencia de aprender a vivir
mientras vivo.
Suelto la exigencia,
me abro al amor,
confío.

♥

Confío en los tiempos que la vida me da.
En los tiempos de tristeza y de felicidad.
Confío en lo que la vida se lleva y me da.
Me abro a la experiencia de soltar y recibir.
De amar y confiar.
De transitar mis miedos a dejar ir.
De confiar en lo que empieza y termina.
En el cambio como la vida en sí misma.
Confío en la vida tal y como es.
La amo y me entrego a ella.
Amando a la vida
me estoy amando a mí.

Me quedo conmigo

En el proceso de entregarme a lo que la vida me trae
me quedo conmigo.
Me abro a las tormentas, a la oscuridad, a mis miedos,
y en medio de todo
me quedo conmigo.
Confío en la sabiduría de la vida
para llevarse lo que ha terminado su camino,
aunque sea pronto,
aunque sea tarde,
aunque yo no pueda entenderlo.
En medio de mi dolor,
me quedo conmigo.
En medio del rechazo, la tristeza o la incomprensión,
me quedo conmigo.
Porque en mí puedo ser casa,
o todo lo contrario.
Y elijo elegirme amando todo en mí,
también lo que no comprendo.
Lo que me cuesta, lo que me duele,
lo que no puedo entender.
Porque cuando me quedo conmigo
soy la vida, soy el amor,
y soy todas las personas que me aman.
Y desde el amor que soy,
todo
es
posible.

RECUERDA
No se puede amar la vida
si no te amas a ti mismo,
porque tú eres LA VIDA.

Bonus
¿QUÉ HARÍAS SI SUPIERAS QUE VAS A MORIR?

Spoiler: vas a morir.
Nota: pero ahora estás (todavía) aquí.

¿Qué quieres hacer?, ¿qué quieres crear?, ¿con quién quieres estar?, ¿qué quieres decir?, ¿a quién quieres amar?, ¿qué te queda por hacer?, ¿dónde quieres viajar?, ¿qué necesitas conocer?, ¿qué te quieres llevar?, ¿cómo quieres sentir?, ¿a quién te gustaría abrazar?, ¿a quién necesitas darle las gracias?, ¿qué quieres dejar de ti aquí?, ¿cómo quieres vivir?...

Posdata: el regalo de saber que nos vamos es recordar que todavía estamos. A veces dormidos, a veces perdidos, pero seguimos aquí. Recuerda estas palabras cuando lo necesites. Mándale una foto de esta página a quien sientas que lo necesita. Despertarnos unos a otros de una vida que muchas veces damos por hecho es un regalo que podemos hacernos y así recordarnos que hemos venido a vivir.
A brillar.
A crear.
A reír.
A bailar.
A sentir.
A compartir.
A amar.
Gracias por ponerle vida a tus días.

Confía, todo está bien

RECORDATORIO

La vida es perfecta para ti.

La vida te ofrece las experiencias que necesitas para tu evolución.

Lo que pasa, pasa por y para ti.

La vida, el universo, no juegan en tu contra, siempre están a tu favor.

La vida te ama.

Cada dificultad genera un conflicto interior que te permite actualizarte y dar un paso más en tu evolución de conciencia.

Lo que rechaces vivir por miedo se te presentará de nuevo hasta que lo resuelvas.

Cuestionar tu forma de ver tu realidad
te hace ver otra realidad.

Mírate cómo serías tú sin ese pensamiento que te daña: puedes serlo.

Cuando intentas vivir lo que se supone que debe ser, creas conflictos dentro y fuera de ti; sé tu propio referente en cómo vives, sientes y haces.

Cuando te sientes bien, lo de fuera está bien, ves belleza y alegría en todas partes. Igual al contrario.

La emoción que nace, lo que sientes que no te gusta, la situación incómoda, te muestran más de ti que cuando todo va bien. Aprovéchalo para saber dónde tienes que seguir trabajando en ti.

El reto está en amar la vida sin comprenderla del todo.

Busca el abrazo de quien amas como refugio emocional cuando lo necesites. Es sano amar y sentirse amado.

No tienes que poder con todo tú sola.

Aprovecha la oscuridad para descubrir tu luz y amarla fuerte.

Sé humilde ante la vida, agradeciendo lo que te trae, confiando en lo que se lleva y en lo que está por venir.

El tiempo no cura todo pero ayuda. Confía en el tiempo como maestro de tu aprendizaje.

Aprende a ser observadora de tu propia vida sin perder tu eje.

Honra lo que has vivido, agradece lo que se va, ábrete a lo que está por llegar.

Cuando el miedo se apodere de ti, cógelo de la mano y sigue caminando.

Cuando la tristeza vista tu cuerpo, deja todo, escucha lo que tiene que decirte, y aprende..

Cuando la alegría te inunde, siente que lo mereces, permítete sentirla y disfruta.

Respeta tus tiempos en tus procesos de transformación. La mariposa tarda casi veinte días en renacer, y a veces tú lo quieres hacer en veinte horas. Respeta tu tiempo.

Sanar duele. No lo olvides.

Aunque no comprendas lo que está pasando, confía en la enseñanza que tiene esto para ti.

Cuando vivas un momento difícil, piensa en cómo será la persona que salga de esa tormenta: tú pero transformada. Vívelo con ojos de niña.

Tu alma evoluciona cuando te enfrentas al dolor de una experiencia. Cada dolor es un crecimiento y transformación.

Desde los ojos de la confianza y la gratitud, la vida se siente guiada por una realidad mayor, Dios, vida, universo, que promueve tu evolución a través de las experiencias.

Quien se enfrenta a su oscuridad desprende más luz que quien huye de ella.

Paciencia contigo; recuerda que estás atravesando lugares por los que no has caminado antes.

Reír y llorar forma parte de la misma vida. Ámalo todo. Ámate en todo.

Busca estrellas en la noche y espera el arcoíris cuando llueva.

Ten el coraje de afrontar lo que te duele.

Aunque no lo sepas, ahora mismo estás sanando y ordenando tu situación. Solo por ser consciente ya estás siendo.

Tu sabiduría del corazón es mucho mayor y más fiable que la de tu mente.

Todo lo que te rodea es magia, belleza y milagro. Si no estás viendo eso ahora mismo, comienza por conectarte con la gratitud, y la magia aparecerá por todas partes.

Que tu diálogo interior te ayude y no te hunda. Cuida cómo te hablas, te tratas y te respetas en tu relación de amor contigo.

Sé valiente con tu propia vida. Con lo que quieres y con quien eres.

Permite que la vida y el universo te redireccionen cuando vayas por el camino fácil.

Cuídate con la paciencia del que cuida a una niña que no sabe cómo afrontar lo que no conoce.

No tengas prisa por sanar lo que necesita tiempo para integrarse.

Elige sentir lo que sientes en lugar de anestesiarlo.

Todo llega a ti de la manera perfecta para tu evolución.

Nada está en tu contra. Todo está a tu favor. Vive todo con amor y desde el amor.

Aunque sientas que estás viviendo lo mismo, te encuentras en un escalón más alto de conciencia que la última vez.

Vivir con consciencia lo que pasa, te va a permitir ampliar la conciencia para crear una nueva realidad. Y así cada día un poco más.

Recuerda que no estás sola;
todos estamos aprendiendo a vivir.

EPÍLOGO

Escrito en mi diario en la piazzale Michelangelo, Florencia, el 6 de diciembre de 2021 a las 13.03 h.

Abrazar la oscuridad hasta que se convierta en esperanza.
Sentirte perdida en un lugar que sientes casa.
Perder el sentido cuando creías que era lo único que te quedaba.
Que la pregunta ¿qué hago aquí?, literal y profundamente, sea la banda sonora de tu mente.
Buscar escapatoria a lo que estás sintiendo.
Nada sirve.
Anestesiar lo que sientes para no sentir.
Enamorarte de la belleza de la vida para agarrarte a ella,
por si te suelta,
aunque en realidad y sin darte cuenta, quizá la has soltado tú.
A la vida.
Y a las ganas.

Y entonces descubres que es más fácil desconectarte de la vida de lo que creías, perder las ganas, la fuerza, la ilusión, el tiempo, y que por muy fuerte que seas, si sientes, todos estamos expuestos a perdernos en medio de este mar de amor y miedo que es la vida.
Y en medio del sinsentido de la vida, te digo,
confía.

Que nadie sabe si esto saldrá bien, o si simplemente, saldrá. Que ni mal ni bien existen a los ojos de la poderosa verdad. Que todo tiene un sentido, aunque en los momentos oscuros no puedas verlo.

Quizá la vida nos rompe una y otra vez para llevarnos
al camino de confiar.
La vida tiene su propio camino, sus propias formas,
sus propios tiempos.
Y para la vida, todo es perfecto.
Te toca a ti despertar con cada golpe.
Recordar que estás viva cada vez que te rompes.
Darte permiso para sentirlo todo.
Aprender a creer cada vez que te levantas.
Amarte imperfecta cada vez que te pierdes.
Encontrar tu luz cada vez que te apagas.
Volver a encontrarte cada vez que te olvidas.
Y, en medio de todo eso, respirar cuando sientas
que te quedas sin aire,
porque el camino continúa, y el mundo necesita tus alas.
Para las veces que necesites, respira el tiempo
y encuéntrate en el silencio, contigo.
Parar es parte del camino de la vida y a la vida
hay que amarla toda.
Confía en la vida, acepta lo que es y ámate en todas tus fases.
Todo está bien.

En la vida hay que seguir leyendo hasta el final.
A veces los episodios se ponen oscuros, difíciles o casi imposibles.
Mucha gente desiste, se desconecta del libro,
quiere pasar las páginas rápido
o incluso lo cierra.

Sin embargo, es un libro escrito para ser leído, página a página,
verso a verso, palabra a palabra,
para que de verdad puedas comprenderlo
y te regale la historia que tiene para ti,
solo para ti.
El libro te está diciendo en cada página que confíes
en lo que está por venir,
porque en la página que menos esperes
la historia puede cambiar.
De hecho, nadie sabe qué nos depara la página
que comienza mañana.

Solo tienes que preguntarte si estás de verdad preparada
para todo lo que está por escribir.

Confía en el libro de tu vida, confía en la historia que hay para ti,
y confía en ti,
en todo lo que eres,
en todo lo que puedes sentir.

Confía

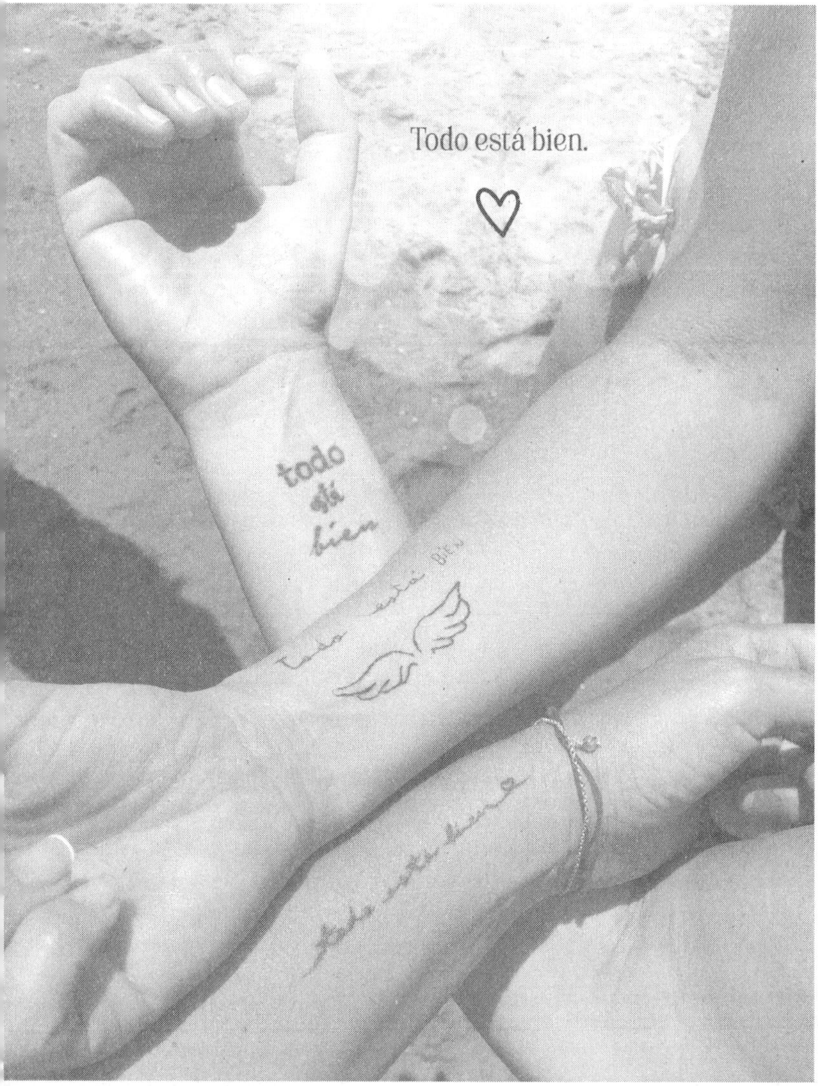
Todo está bien.

AGRADECIMIENTOS

No terminaría de escribir esta parte del libro nunca, porque me siento agradecida a cada una de las personas que han pasado por mi vida, y a las que no conozco, también. Una profunda conexión con el ser humano que me hace agradecer lo maravilloso y lo menos maravilloso, porque todo es un espejo para mí.

Quiero comenzar dándome las gracias a mí misma. Es la primera vez que lo hago en un libro, y este es el número 9, pero siento que es un precioso ejercicio agradecerme haber afrontado un tiempo difícil emocionalmente y estar aquí hoy, haciendo de mi vivencia y de mi dolor un libro que quizá ayude a otras personas. Me agradezco la confianza que he puesto en la vida, en mí y mi fortaleza para sostenerme en medio de mis tormentas. Y una certeza: todos somos alquimistas cuando elegimos respirar miedo y alquimizarlo compartiendo amor.

Quiero agradecer a mis padres su cuidado y amor. Ellos no lo saben, pero me han salvado con su lenguaje de amor basado en el cuidado y el servicio. Gracias por existir y por sostener a la familia.

A mi maestra de vida, Norah. Me inspira mucha gente, pero tú, aun en oscuridad, me muestras el camino. Llegaste para recordarme por qué estaba aquí, y guías mi para qué cuando me pierdo. No has leído ninguno de mis libros, quizá no lo necesites, pero si algún día lo haces, que sepas que son para ti. Como mi vida.

Gracias a mis hermanas Paqui Fernández y Úrsula Martín, por darme la mano en mi luz y en mi oscuridad, hasta el final y más allá. Siempre juntas, como en la foto. Todo está bien.

A mi tía, María José, por ser juntas observadoras de la vida y cuestionarlo todo.

Gracias a ti por leerme, por hacer mis letras tuyas, mi sentimiento tuyo, y hacer posible con tu apoyo que pueda seguir compartiendo mi mirada con el mundo a través de mis libros. No lo sabes, pero cada vez que compras o regalas un libro mío, me estás regalando esa posibilidad. Gracias y un beso.

Quiero agradecer a mi comunidad de Instagram la compañía que me brinda 24/7/365, con sus mensajes y comentarios, demostrando cuando se os necesita que estáis ahí, y que lo digital es más humano que nunca.

A mis almas bellas de mi comunidad Maitri: la comunidad online de almas bonitas que compartimos camino, aprendizaje y encuentros cada mes, gracias por compartir el camino de *Autoamor* y ser apoyo unas de otras. No estamos solas; nunca lo estamos.

No puedo poner aquí la bibliografía que me ha inspirado para este libro, porque sería la librería de mi casa al completo, y mucho más. Pero quiero aprovechar este espacio para agradecer a cada una de las personas en las que me inspiro para poder ser mejor persona cada día. Por un lado, mi familia y amigos. Y por otro, si echo la vista a un lado y miro la mesa del sofá, agradezco su aportación y entrega a grandes escritores como Louise Hay, Wayne Dyer, Neville Goddard, Caroline Myss, Ram Dass, Helen Fisher, Deepak Chopra, Jeff Foster, Martin Seligman, Thích Nhất Hạnh, Rebecca Campbell, y una lista que sería interminable. Y gracias a todos los que escribís y os compartís con el mundo porque es un acto de generosidad increíble, compartir vuestra mirada al mundo y vuestro corazón.

Cuando elegimos el título del libro, en septiembre de 2021, tuve la certeza de que se tenía que llamar así. A los dos meses de firmarlo, en noviembre, nos dejó la inspiradora Suzanne Powell, y al ponerse énfasis en su legado literario, descubrí que publicó un libro titulado *Confía, todo es posible*, hace unos años. Lejos de sentir que la estaba copiando, sonreí y lo sentí como un mensaje, en parte, también de ella a través de este libro. Lo compré para ver si se parecía a lo que estaba escribiendo y el mensaje es completamente diferente en la forma, pero la esencia es que se unen en la invitación a dejarnos guiar por la magia de la vida. Sirva este libro por tanto como homenaje a Suzanne y a la inspiradora y maravillosa Louise Hay, por todo lo que compartieron con nosotros en vida y también cada día a pesar de que ya no estén aquí (aunque siempre están).

Y gracias Mónica Adán, mi editora, por compartir camino y hacerlo tan bonito juntas un libro más. Gracias a mis editores presentes y anteriores por el camino recorrido y hacer posible llegar hasta aquí (David Trías, Gonzalo, Roger).

Y agradezco a cada una de las personas que me han acompañado en mi oscuridad, sosteniendo mi tristeza, mi ruptura con el mundo, mi vulnerabilidad en extremo, y que aun viendo mi parte oscura no se han marchado. Nos amamos también a través de los otros, y cada vez que amamos a alguien en su oscuridad, le estamos enseñando a amarse cuando menos se ama. Gracias por estar ahí.

Hoy 7 del 7 añado: y gracias, Jose, por dejarme acompañarte en tu enfermedad y regalarme grandes aprendizajes de la vida mirando a la muerte. Serás infinito en mí. En gran parte de *Confía* me has inspirado tú. Y te lo digo ahora a ti: confía, todo está bien.

(...)

Ya no tengo miedo.

LV (La Vida): *No tienes que tenerlo. Yo siempre te estoy sosteniendo.*

Por fin siento que ya se empieza a ordenar todo otra vez.

LV: *Todo se ordena para volver al caos una y otra vez, porque solo desde ahí avanzarás en tu camino.*

No sé lo que va a pasar ahora, pero siento paz.

LV: *Has aprendido que la incertidumbre es tu compañera de viaje, y también puede ser amable si la amas en lugar de rechazarla.*

Siento que he crecido.

LV: *Las tormentas de la vida nos transforman y ya nunca volvemos a ser como antes. Eres más porque has aprendido mucho de ti mismo.*

Gracias Vida por mostrarme lo que necesito en cada momento.

LV: *Siempre te estaré guiando por el sendero de tu vida. Te redirigiré cuando te estés equivocando, te moveré cuando te estés acomodando, celebraré contigo cuando te estés acercando a lo que has venido a hacer, y a ser. Pero hay una cosa que nunca puedes olvidar: siempre siempre estaré contigo.*

Confía, todo está bien.

Puedes escuchar
esta lista de canciones,
creada por la autora,
mientras lees «Confía»: